조직문화 재구성

개인주의 공동체를 꿈꾸다

REORGANIZATION OF
ORGANIZATIONAL CULTURE

dream of
an individualistic
community

최지훈 지음

조직문화 재구성

개인주의 공동체를 꿈꾸다

PlanB DESIGN 플랜비디자인

'좋은 조직문화를 만들기가 왜 이렇게 어려울까?'

이와 같은 질문이 이 책의 출발점이었습니다.

고심 끝에 조심스럽게 답해봅니다.

"우리에게 사랑이 부족하기 때문입니다."

이 답을 찾아가는 과정에서 많은 학자들의 도움을 얻었습니다. 가장 큰 도움이 된 학자는 '모건 스캇펙(Morgan Scott Peck, 1936~2005)'입니다. 그가 〈아직도 가야 할 길〉에서 소개한 사랑의 정의는 조직 안에서 필요한 사랑의 방식을 설명하는데 기준이되었습니다. 〈마음을 어떻게 비울 것인가, 원제는 The different drum : community-making and peace - 평화 공동체 만들기〉에서 소개한 공동체에 대한 설명은 자기다움이 살아있는 온전한조직, 곧 개인주의 공동체의 특성을 밝히는 재료가 되었습니다. 정신과 의사로서 조직에서의 인간 행동과 성장을 깊이 있게 탐구했던 그의 헌신이 이 책에서 다루는 내용의 뿌리가 되었습니다.

'에리히 프롬(Erich Fromm, 1900~1980)'은 조직 내에서 분리되어 있는 개인의 상태를 탐구하는데 큰 도움을 주었습니다. '스스로 완전히 타인이었던 사람만이 타인을 진정으로 이해할 수있다'고 주장한 에리히프롬은 일생 동안 개인과 집단의 관계, 집단 안에서 개인의 고립과 소외에 대해 고민했습니다. 이 책을 쓰는 과정에서 다시 만난 프롬의 예리하고 통찰력 넘치는 글들은 조직문화를 더욱 입체적으로 바라볼 수 있게 해주었을 뿐만 아니라, 거울에 비친 제 자신을 더욱 자세히 들여다보듯 조직 안에 존재하는 제 자신을 더 가까이 대면하게 했습니다.

'최진석' 교수의 글은 조직 안에서 개인의 주체적인 사고와 행동을 설명하는데 도움을 주었습니다. 강렬하고 일관성 있는 그의 사유와 문장은 제게 '스스로 생각한다'는 개념을 다시 일깨우며 개인이 오롯이 자기답게 존재하는 것과 타인과의 공존 사이의 균형을 발견할 수 있게 도와주었습니다.

'게리하멜(Gary Hamel)'과 '프레데릭 라루(Frederic Laloux)'와 같은 경영 전략가들의 사유는 다소 인식론적이고 존재론적인 철학의 관점을 보완하며 조직의 현실을 바라보는 데 도움이 되었습니다.

　　이 외에도, 다양한 분야에서 선도적인 사유를 보여준 학자들의 글이 조직문화를 재구성하는 이 책에 활용되었습니다. 그들은 저와 사는 곳도 다르고 살고 있는 시대도 조금씩 다르지만, 저는 마치 함께 있는 것처럼 그들과 대화를 나누었고, 덕분에 자그마한 결실을 내놓게 되었습니다. 우리는 각자 존재하면서 함께 있었고, 함께 존재하면서 각자 있었습니다.

　　〈조직문화 재구성, 개인주의 공동체를 꿈꾸다〉는 각자 존재하면서 함께 있는 것, 그리고 함께 존재하면서 각자 있는 것을 이야기합니다. 조직과 개인, 개인과 개인 간의 분리를 넘어 개인 스스로도 분리되어 점점 고립되어가는 지금의 사회와 조직에게 필요한 대안을, 이 책을 통해 서로가 이야기할 수 있는 기회가 되면 좋겠습니다.

보이지 않는 길을 걸으려 한다고

괜한 헛수고라 생각하진 말아요

내 마음이 헛된 희망이라고는 말하지 말아요

정상이 없는 산을 오르려 한다고

나의 무모함을 비웃지는 말아요

허나 멈출 수가 없어요

이게 내 사랑인걸요

이소라, 〈사랑이 아니라 말하지 말아요〉 가사 中

언젠가부터 직장은 자아실현의 장이 아니라 그저 삶의 방편, 그러니까 먹고사는 수단 이상이 아닌 게 되었다. 사람들은 매일같이 출근하지만, 마음은 내내 퇴근, 휴일, 휴가를 꿈꾼다. 가능하면 빨리 벗어나고 싶은 공간, 진실한 체험이 사라지면서 일과 삶의 소외가 있는 임시거처. 거기가 바로 오늘 우리들의 직장이다.

저자는 오늘 직장의 비극을 극복하는 방법으로 온전한 개인, 온전한 공동체에 관한 상상적 실험을 시작한다. 이윤에 눈먼 직장이 아니라 사람들의 꿈과 개성, 자유와 재능이 살아 숨 쉬는 창조적인 공동체의 복원을 꿈꾼다. 그의 주장은 이 비극의 한

복판에서 한 줄기 희망의 노래처럼 따듯하고, 동시에 예리하다. 그의 글을 따라가다 보면 아직 함께할 희망이 있음을, 그것이 결코 불가능한 것이 아님을 발견한다. 조직문화를 고민하는 사람들, 직장인들에게 일독을 권한다.

이창준 ㅣ GURU peoples ㈜아그막 대표이사, 이화여대 경영대학원 겸임교수

이해관계자 자본주의로의 변화 길목에서 읽어야 할 책!

"세상의 모든 직업 월급이 동일하다면 당신의 선택은 무엇인가요?" 진로를 고민할 때 누군가 해주었던 지혜로운 조언이 생각납니다. 급여의 차이나 외부의 시선, 직업의 귀천과 상관없이 정말 내가 하고 싶은 일이 무엇인지 더욱 명확해졌던 기억이 납니다. 이 책의 저자는 그 지혜에 필적할 만한 질문을 HR 담당자에게, 모든 조직 구성원에게 던집니다. "직장이 이윤추구에서 이웃추구로, 조직에서 공동체로 변한다면 나의 삶은 어떻게 변할까?"

자본주의가 전 세계적으로 주주 이익 극대화라는 주주

자본주의에서, 주주를 포함한 구성원, 협력업체, 고객과 지역사회 등 광범위한 이해관계자에 초점을 맞춘 이해관계자 자본주의로 발전해가고 있습니다. 복잡하게 설명해야 하는 주주 자본주의에서 이해관계자 자본주의로의 변화를 '이윤추구에서 이웃추구'라는 일상적 언어로 표현한 저자의 통찰력은 놀랍기만 합니다. 조직 내에서 만나든 밖에서 만나든 우리는 원래 이웃이었습니다. 거슬러 올라가고 관계망을 파고들면 우리는 어디에선가 어떤 방식으로든 연결된 '이웃'임을 알게 됩니다. 그 정체성을 우리 삶의 많은 시간을 보내는 직장 내에서도 회복할 수 있다면 우리 각자와 조직에겐 어떤 놀라운 변화가 시작될까요?

　　조직이란 결국 "서로가 좋은 이웃이 되는 공동체"라는

저자의 정의는 제가 탐독했던 수많은 국내외 조직문화 전문가 그 누구에게도 들어본 적이 없는 독보적이며 창의적인 정의입니다. 제가 대표로 있는 MYSC(엠와이소셜컴퍼니)는 저자의 비전이 이상이 아니라 현실이 가능하다고 믿는 수많은 조직 중 하나입니다. 깊은 뿌리(성숙)를 가진 나무가 건강한 줄기(성장)를 이루고, 이를 통해 사계절 좋은 열매(성과)를 맺을 수 있다는 믿음 하에 MYSC 는 구성원 개개인이 좋은 이웃으로 '성숙'한지를 제일 중요하게 생각합니다. 성숙한 사람은 내가 왜 성장해야 하는지를 알게 되고 건강하게 학습하며 결국 다양한 성과를 맺게 됩니다. MYSC 에서는 이를 요약해 "함께 하고 싶은 사람인가?"와 "함께 일하고 싶은 사람인가?"라는 관점을 중요하게 생각합니다. 이 책의 첫번째 파트에서 첫번째 질문에 대해, 두번째 파트에서 두번째 질문에 대한 이야기를 발견할 수 있습니다. 이 책이 나오면 MYSC에 새롭게 입사하는 분들에게는 예습용으로, MYSC 구성원에게는 복습용으로 활용할 생각입니다. 예습용이든 복습용이든 상관없이 이 책을 읽는 누구나 이 책은 각자가 소중하게 생각하는 대상에게 추천용으로도 딱 좋은 책임을 알게 될 겁니다.

김정태 | MYSC(엠와이소셜컴퍼니) 대표이사, <스토리가 스펙을 이긴다>·
<어떻게 하면 소셜 이노베이터가 될 수 있나요?> 저자

이 책은 '조직문화'에 관한 책인가? '사랑'에 관한 책이
다. 이 책은 난해하고 딱딱한 이론서인가? 쉽고 감성적인 러브 스
토리다. 다소 이론적이고 현학적일 수 있는 조직문화에 관한 담
론을 '사랑'이라는 본질로 빚어내는 작가의 솜씨는 뻔하지 않은
'최지훈 작가표 오믈렛'을 맛보는 흥미로운 레시피의 체험이다.
그 만큼 이 책은 참신한 주장과 탄탄한 논거, 사례의 완성도는 물
론이고 그것과 별개로도 일단 재미있다.

'개인주의 공동체를 꿈꾸다'라는 제목에서부터 '개인주
의'와 '공동체'라는 병립하기 어려워 보이는 흥미로운 모순적 아
젠다를 설정하고, 세부 내용에서 '개인주의적 공동체'와 '공동체

적 개인주의'의 관계속에서 '사랑'이라는 통합적 통찰을 제시한

다. 또한 '사랑'이라는 추상에 머무르지 않고 '사랑의 기술'이라

는 구체적인 실용까지 다룬다. 예컨대, 당장 코로나 사태로 우리

사회에 대두되어 혼선을 겪고 있는 '조직의 재택근무 운영'이라

는 현실적 이슈에 관한 방향성도 '사랑의 기술'이라는 작가의 관

점에서 가늠하고 적용해 볼 수 있다. 만약 당신이 조직에서 온전

한 개인주의 공동체를 꿈꾸고 고민하는 리더나 구성원이라면 더

이상 외로워하지 말자. 이 책은 당신의 좋은 가이드가 될 것이고

좋은 이웃이 될 것이다. 작가의 말처럼 당신의 성장에 필요한 것

은 이론이 아니라 '사랑'일 뿐이다. *"All you need is LOVE."*

남충식 ㅣ ㈜이노션 국장, <기획은 2형식이다> 저자

당장의 매출과 생산성, 효율이 중요한데 조직문화를 논하는 것을 낭만적 도전이라 생각한다면, 그 조직엔 희망이 없다. 조직문화는 사실 조직, 그 존재 자체를 말하기 때문이다. 어떤 사람을 뽑고, 어떻게 소통하며 일하는지, 무엇을 중요시하며, 심지어 어떤 평가를 주고받는지까지 그 전부가 온전히 조직문화다. 이에 무의식적으로 학습되고 공유된 가정들이 복잡한 실타래로 얽혀, 감히 어디서부터 손을 대야 할지 모를 난감함을 주는 것도 바로 조직문화다.

저자는 이 난감함의 본질을 꿰뚫는 구조적 시각들을 제시하며, 많은 실들이 두서없이 꼬이게 된 원인을 분석하고 숨겨

18

진 맥락까지 파악할 수 있게 도와준다. 스스로 자율적이고 역동적인 조직의 주인이 되고픈 우리 모두를 위한, 혜안이 담긴 책이라 감히 말하고 싶다.

강윤정 ｜ ㈜더플레이컴퍼니 대표

모든 것이 빠르게 변화하는 디지털 시대에 지속가능한 조직을 만들기 위한 인터널브랜딩(Internal Branding)에 관심이 늘어나고 있다. 특히, 인터널브랜딩의 핵심이자 조직 구성원의 행동에 큰 영향을 미치는 조직문화의 중요성은 날로 커지고 있다. 조직문화를 어떻게 만들어가느냐에 따라 구성원들의 몰입과 동기부여, 주도적인 의사 결정, 참여와 헌신이 달라질 수 있기 때문이다. 하지만 여전히 많은 기업들이 전통적이고 피상적인 조직문화에 머물고 있다. 저자가 '개인주의 공동체'라는 개념으로 조직문화의 재구성을 언급한 이유이기도 하다. 조직문화를 위한 근시안적인 솔루션보다 근본적인 생각과 관점을 명확하게 제시한 이 책에서, 독자들은 개인의 성장과 조직의 성장을 함께 만들어 가기 위한 길을 발견할 수 있을 것이다.

우승우 | 더워터멜론㈜ 공동대표, <창업가의 브랜딩> ·

<디지털 시대와 노는 법> 공동저자

목차

Part2 조직을 넘어 공동체로

1
이윤추구에서

이웃추구로.

$\vee$

경영과 **조직의 목적**이 가지고 있는 **오류**

수많은 조직문화 활동과 리더십 교육을 진행해도
사람과 조직이 잘 변하지 않는 이유가 무엇일까요?

전 그 이유를 개인과 조직이 가지고 있는 가정에서 찾습
니다. 구체적으로 말하면 '경영'과 '기업'에 대해 개인과 조직이
가지고 있는 정의가 요즘 시대의 조직문화 활동이나 리더십 교육
과 핏(fit)되지 않는 겁니다.

이윤추구에서 이웃추구로

보통 경영의 목적이 무엇이냐? 혹은 기업의 존재이유가 무엇이냐? 고 물어보면 많은 분들이 자연스럽게 이렇게 대답합니다. '이윤추구'라고. 경영학원론 책에서 보았을 법한 기업의 정의를 읊습니다. 기업은 이윤추구의 집단이라고. (저는 학부 때 경영학을 전공했지만 실제 경영학원론 책에 이러한 정의가 나왔는지는 잘 모르겠습니다) 어디에서 보았는지, 누군가 나에게 말을 해주었는지 잘 기억이 나진 않습니다. 그래도 괜찮습니다. 하여튼 우리가 다니는 직장에서 중요하다고 하는 성과는 곧 '이윤추구'이니까요.

이 말이 불편하게 들리시는 분들은 여기서 한 걸음 더 나아간 답변을 합니다. '가치추구'라고. 경영과 기업의 목적은 고객에게 좋은 가치를 제공하는 것이라는 거죠. 고객에게 훌륭한 가치를 제공하려고 노력을 경주하다 보면 결과적으로 따라오는 게 성과고 이윤이라는 겁니다. 뭔가 더 있어 보입니다. 대놓고 이윤추구라고 말하는 것보다 더 근사해 보이기도 하고 본질에 접근한 것 같습니다.

아래 질문으로 한 걸음 더 나아가보겠습니다.

경영(기업)의 목적이 가치추구라고 한다면, 왜 가치를 추구해야 하나요? 가치를 추구해서 얻고 싶은 것이 무엇이길래 좋은 가치를 만들려고 그렇게 애를 쓰는 걸까요? 단지 돈(이윤)이라고 한다면 부동산과 펀드, 잘나가는 해외 주식에 투자하고 건물 몇 개를 매입해서 따박따박 들어오는 임대수익을 얻는 것이 골치 아픈 비즈니스를 운영하는 것보다 확실하고 편한 방법 일 텐데, 왜 기업은 투자를 하고 사람을 채용하며 일자리를 만들까요?

저는 기업에서 가치를 추구하고자 하는 이유를 어떠한 의미를 만들기를 원하기 때문이라고 생각합니다. 그리고 그 의미의 핵심은 '관계'입니다. 고객과 좋은 관계를 만드는 것. 그 관계를 통해 지속적으로 가치를 주고 받는 것. 그래서 지속적으로 성장하는 것. 그것이 궁극적으로 기업이 가치를 추구해야 하는 이유라고 생각합니다.

경영은 그 자체로 가치를 추구하는 것이고,
그 목적은 좋은 관계를 만드는 겁니다.
곧, 경영의 목적은 '좋은 이웃'이 되는 것입니다.

'이웃'이 된다는 것이 중요합니다. 가치를 전달한다고 할 때 '내가 너에게 이런 것까지도 해줄 수 있어'의 느낌처럼 거들먹거리며 마치 아량을 베푸는 것처럼 주는 것이 아닙니다. 별것 아닌 음식이지만 예쁜 그릇에 정성을 담습니다. 두 손에 안고 조심스럽게 이웃집 벨을 누릅니다. "안녕하세요! 이거 우리 했는데 생각나서 좀 가지고 와봤어요. 한번 맛보시겠어요?"라고 반갑게 인사하며 말을 건넵니다. 그렇게 살가운 이웃이 되는 겁니다.

관계에는 여러가지 종류가 있습니다. 관계에 따라 거리가 다 다르죠. 매일매일 보고 싶은 관계, 매일 만나지만 서먹한 관계, 뜨겁지도 차갑지도 않은 관계, 과거에 친했지만 어떤 계기로 서먹해진 관계 등등. 누군가에게 가치를 전달하고 꽤 괜찮은 관계가 되기 위해서는 '적어도 1년에 한두 번 만나지만 만날 때 마다 반가운 관계' 정도는 되어야 하지 않을까요?

경영의 목적이 '꽤 반가운 사이인 이웃'을 만드는 것이라면
조직은 '서로가 좋은 이웃이 되는 공동체'라고 할 수 있습니다.
조직 안에서 함께 일하는 동료와 구성원들이
서로가 서로에게 좋은 이웃이 되어야 합니다.

생각해보면 우리 모두는 이웃입니다. 어떻게 하다 보니 회사에서 만나서 서로가 '대리님, 과장님, 부장님'이라고 불리며 각자의 역할을 하고 있지만 사회 안에서는 모두가 이웃입니다. 이

웃은 '나란히 경계가 붙어있는' 또는 '가까이 사는 사람'이란 뜻이
니까요.

　　이웃의 특징은 만나고 헤어진다는 겁니다. 그리고 그 헤
어짐은 언제가 될지 모릅니다. 옆집에 살던 명철이네가 어느 날
갑자기 이사 가고, 그 자리에 아름이네가 이사를 와서 다시 이웃
이 됩니다. 내가 원한다고 머물고 내가 원하지 않는다고 떠나지
않는 것이 아니죠. 가까운 이웃이 이사를 가면 가슴 한켠이 시큰
하고 뭔가 섭섭하지만 이후에 어디에 가서든 건강하고 행복하게
잘 살길 빌어줍니다. 또 어디에서든 인연이라면 만나겠거니 하지
요.

　　그런데 한 동네에 바로 이웃에 붙어살면서도 이웃이 아
닌 경우도 있습니다. 철저하게 문 걸어 잠그고 사는 경우죠. 이사
온지 1년이 넘게 옆집에 누가 사는지도 모릅니다. 부부가 중학생

자녀와 함께 사는지, 신혼부부가 사는지, 아니면 여든이 넘은 할아버지가 혼자 사시는지 전혀 알지 못하죠. 알 수 없는 경계심과 고립감이 두 집의 대문을 드나드는 사람들 사이에 출렁입니다.

이웃이 이웃이 되려면 김장철엔 김치도 가져다주고, 어느 날 저녁에 부침개도 가져다주고 해야 됩니다. 평소에 서로가 교류를 하는 것이죠. 매일매일 만나진 않더라도 가끔 만났을 때 반가운 관계가 우리들이 살아가는 일상의 이웃입니다. 이웃은 서로의 존재감을 인정하고 확인해줍니다. 그렇게 서로에게 의미가 되어주고, 조금 더 끈끈한 관계를 맺습니다.

조직문화 활동과 리더십 교육은 경영의 목적을 '이윤추구에서 이웃추구로 전환하는 과정'이라고 생각합니다. 고객을 소비를 통해 우리 회사의 수익을 올려주는 객체로 보는 것이 아니라 조직의 가치를 함께 공유하고 있는 이웃이라고 보는 것. 구성원을 돈을 벌기 위한 자원으로 보지 않고, 함께 성장하며 가치를 함께 만들어나가는 이웃이라고 보는 것. 이러한 관점의 전환이 일어나야 합니다.

조직에서 '애자일' 이야기를 많이 합니다. '수평적인 조직문화' 이야기도 많이 하고요. 애자일과 수평적인 조직문화가 지향하는 것은 궁극적으로 '구성원들을 주체적인 의사결정자가 되도록 돕는 것'이라고 생각합니다. 호칭을 변경하고 유연근무제를 시행하고, 근무복장을 바꾸고, 프로세스와 시스템을 개선하는 활동들의 지향점은 빠르고 민첩한 조직을 만드는 것이고. 빠르고 민첩한 조직은 구성원들이 각자의 역할에서 가장 합리적인 의사결정을 주도적으로 해주었을 때 가능합니다.

조직문화 활동과 리더십 교육의 방향이 '효과적인 의사결정을 위해 자율적이고 주체적인 경험과 역량을 배양하는 것'이라면 구성원들의 역할을 이윤추구가 아닌 이웃추구로 바라보아야 합니다. 경쟁을 통해 자신의 이익을 극대화하려는 선택을 하도록 해야 할 것이 아니라, 이웃에게 더욱 살갑고 반가운 존재가 되고 의미있는 존재가 되어 신뢰로운 관계를 구축하도록 해야합니다.

이러한 정의와 관점이 조직 내에서 경영진을 포함한 모든 구성원들에게 클릭되지 않고, 주파수가 맞추어지지 않았다면 멋진 가치를 추구하며 동료와 구성원의 성장을 돕고 빠른 의사결정으로 다양한 시도를 할 수 있는 조직문화를 구축하기는 어렵습니다.

회사나 리더는 이윤추구의 메시지를 전달하고, 조직문화 활동이나 교육장면에서는 이웃추구의 메시지를 전달하는 이중 메시지의 오류는 많은 조직들이 간과하고 있는 부분인 것 같습니다.

$\vee$

이윤추구에서
이웃추구로

그럼 이윤추구에서 이웃추구로 어떻게 관점을 전환할 수 있을까요? 지금까지 20년, 30년 이윤을 추구하며 조직 안에서 성장했고, 이것으로 조직에서 인정을 받으며 성공의 기쁨을 누린 사람들에게, 어떻게 이웃추구로 눈을 바로 돌릴 수 있게 할 수 있을까요?

결국, 사람과 조직을 이해하는 궁극적인 프레임의 변화

를 어떻게 가지고 올 것이냐의 문제. 아주 어려운 문제입니다. 이 부분이 HR이나 조직문화, 혹은 내부 브랜딩 담당자들이 매일같이 겪고 있는 난제들이죠.

제가 생각하는 것은 두 가지 방향입니다. 이 두 가지는 서로 양 극단에 존재합니다. 서로 만날 수 없는 완전히 다른 접근 방식이죠. 그런데 조직 안에서는 실행하기가 좀 어려운 방식입니다. 어쩌면 불가능할지도 모르죠. 어쨌든 제가 생각하는 방식은 이렇습니다.

먼저. 고난의 상황을 부여합니다. 일반적인 방식으로는 전혀 해결할 수 없는 도전적인 과제를 내준다거나 기존에 해보지 않은 역할을 부여합니다. 극단적인 경우 지금의 자리를 내놓게 된다거나 잘못되면 조직에서 나가야 할 수도 있는 아주 난이도가 높은 과제를 부여합니다. 지금까지 해온 성공의 공식과 문법으로는 절대 해결될 수 없는 일, 지금까지 습관처럼 해온 자신의 방식을 고수했다가는 반드시 책임을 지게 되고 급기야 자신의 현재 지위를 위협할 수 있는 일을 수행하게 합니다. 그 일을 해결해나가는 과정을 통해 자신의 기질을, 성격을, 리더십을, 그리고 정의와 가정을 의심하게 만듭니다. 이 방식은 마치 암에 걸린 시한부 인생을 살게 된 것처럼 느끼게 하는 겁니다. 내가 만일 간암 말기에 걸려 앞으로 3개월밖에 남지 않은 시한부 인생을 살게 되었다면 어떨까요. 아무리 부와 명예가 많다 한들 다 소용없이 느껴질 겁니다. 모래처럼 흩어지는 소유 속에서 자신의 존재를 돌아보는 경험을 하게 되겠지요.

두 번째 방식은 이와 반대입니다. 상대가 감당할 수 없을 정도의 '사랑'을 부여합니다. 지금까지 세상을 살아가면서 한 번도 경험해보지 못한 사랑, 마치 신의 사랑과 같은 절대적이고 무조건적인 아가페적인 사랑을 경험하게 합니다. 감당할 수 없을 정도의 사랑을 경험하면 사람은 무너집니다. 드라마나 토크쇼, 혹은 연말 시상식 같은 데서 연예인들이 간혹 '엄마 이야기'를 하게 되면 가슴이 뭉클합니다. 엄마에게 영상 편지를 남기며 눈물을 주르륵 흘리는 연예인들의 모습을 보며 주책스럽게도 TV를 보고 있는 나도 눈물을 훔칩니다. 엄마에 대한 미안함과 고마움의 마음은 뭐라고 설명할 수 없지만 늘 애틋하면서 가슴 한켠이 시리죠. 엄마의 사랑은 우리가 아무리 갚으려고 해도 갚을 수 없는 빚과 같습니다. 엄마의 사랑처럼 우리가 감당하기에 벅찬 사랑은 지금 나의 모습을 무너뜨리고 다시 자신을 들여다보며 관계를 곱씹게 합니다.

극단적인 고난 또는 감당할 수 없을 정도의 사랑은 지금까지 본인이 걸어온 지난날의 흔적들을 돌아보게 하고 현재 내 주변의 의미를 다시 살펴보게 합니다. 낯선 경험과 상황으로 지금까지의 가정을 무너뜨리고 성찰하게 한다는 측면에서 이 두가지 방식은 공통점이 있습니다. 고난은 충격과 상실, 공포와 두려움으로, 사랑은 기쁨과 환희, 감사와 충만함으로 말이지요.

만일, 어떠한 제약이나 법규, 윤리가 존재하지 않는다면 어쩌면 기업은 고객에게 첫번째 방식처럼 상당한 위협이나 협박을 가해 강제적으로 구매를 유도할지 모릅니다. 이러한 방식에서 고객은 이웃이 아니라 타겟에 불과합니다. 구성원에게는 이윤 추구의 목적 달성을 위해 달리는 말에 채찍을 가하듯이 압력을 행사합니다. 이때에 구성원은 이웃이 아니라 수단에 불과하죠. 우리는 지난날 이와 비슷한 방식을 역사적으로 경험한 적이 있습니다. 일제강점기와 군부독재정권 시절에 말이죠.

절대적이고 무조건적인 사랑의 관계는 부모가 자녀에게 주는 사랑을 통해 생각해 볼 수 있습니다. 아이가 놀다가 그릇을 깨뜨려도, 조금 전에 정리해 놓은 거실을 마구 어질러놓아도 자녀에게 사랑을 주는 부모는 아이를 다그치거나 쉽게 화를 내지 않습니다. 아이의 놀이에 동참해주고, 함께 웃어주며, 다시 자리를 정리하죠. 하지만 얼마 지나지 않아 아이는 다시 그릇을 깨고, 거실을 엉망으로 만들어놓습니다. 하지만 부모는 개의치 않습니다. 매일매일 반복적으로 같은 상황에서 같은 선택을 되풀이합니다. 사랑이 많은 부모에게 중요한 것은 깨끗한 공간보다는 아이가 다치지 않는 것이니까요. 기업이 이러한 부모와 같은 선택을 할 수 있을까요? 쉽지 않습니다. 자원은 한정되어 있으니까요. 정해진 자원 안에서 가장 효과적이고 효율성이 높은 최적의 의사결정을 해야 합니다. 그리고 고객의 니즈와 비즈니스 상황은 하루아침이 다르게 계속해서 변화하고 진화합니다. 그에 따라 빠르게 발맞추어 움직여주어야 하는데 내부 구성원이 따라와주기를 언제까지 기다릴 수는 없습니다. 그래서 이 두 번째 방식도 현실적이지 않습니다. 상당한 비용과 시간이 필요하고, 인내가 요구되기 때문입니다.

위에서 언급한 두 가지 방식은 조직 안에서 근본적인 관점을 전환하고 변화를 유도하기 위한 양 끝단의 방식입니다. 두 가지 방식을 활용하면 원하던 변화를 가지고 올 수 있을지도 모릅니다. 하지만 현실적이지 못합니다.

그렇다면 우리는 현실 속에서
어떻게 변화를 만들어 나갈 수 있을까요?

저는 그 답을 '사랑'에서 찾습니다. 위에서 말한 절대적이고 무조건적인 아가페적인 사랑과는 다릅니다. 우리가 감당할 수 있을만한 정도의 사랑입니다. 세계적인 영성심리학자 이자 정신과 의사인 스캇펙(M. Scott Peck)은 사랑에 대해 다음과 같이 정의했습니다.

:

자기 자신이나 타인의 영적 성장을 도울 목적으로

자신을 확장시켜 나가려는 의지

:

스캇펙에 따르면 사랑은 의지의 행동이며, 의도와 행동이 결합된 결과입니다. 즉 사랑은 느낌이나 감정, 욕망이 아니라 '선택'을 내포하는 의지라는 겁니다. '사랑에 빠진다'는 감정은 자신을 확장시키는 것이 아니라 붕괴시키는 것이니 이것은 참사랑이 아니고, 진정한 사랑은 서로를 성장시키며 확장을 가져온다고 이야기합니다.

스캇펙은 사랑과 의존성을 구분합니다. 상대방이 자신을 보살펴준다는 확신이 없으면 완전함을 경험할 수 없는 상태인 '의존성'과는 달리 사랑은 서로가 없어도 잘 살 수 있지만 함께 살기로 선택하는 것입니다.

의존성은 자신의 만족을 위해

누군가가 곁에 있다는 사실만이 중요하지만,

사랑은 '독립심'을 길러주는 것이 중요합니다.

독립심을 기르기 위해 '분별력'을 기르는 것이 중요합니다.

:

사랑은 단순히 거저 주는 것이 아니다.

사랑은 '분별 있게'주고,

마찬가지로 분별 있게 주지 않는 것이다.

그것은 분별 있게 칭찬하고,

분별 있게 비판하는 것이다.

상대방을 편안하게 해주는 것과 더불어

분별있게 논쟁하고, 싸우고, 맞서고,

몰아대고, 밀고 당기는 것이다.

그것은 리더십이다.

분별 있다는 것은 판단이 필요하다는 의미이며,

판단은 본능 이상의 것을 요구한다.

그것은 심사숙고해야 하며

때로는 고통스러운 결정을 필요로 한다.

<M. Scott Peck>

:

∨

조직 안에 필요한 사랑 : 분별력

앞에서 애자일과 수평적인 조직문화가 지향하는 것이 '구성원들을 주체적인 의사결정자가 되도록 돕는 것'이라고 했습니다. 주체성의 필요조건은 독립심입니다. 독립적으로 고민하고 추진하며 문제를 해결해 나가면서 많은 경험과 전문성이 축적되었을 때에 비로소 주체적인 역할을 감당할 수가 있습니다. 부모가 아이를 양육하는 과정은 의존적 존재에서 독립적 존재로 성장시키는 과정입니다. 독립적 존재로 성장시키기 위해 부모에게 현명한 '분별'이 필요합니다. 무조건 다해 주지 않고 지켜볼 때도 있고, 필요한 시기를 기다리죠. 의도적으로 실패의 경험을 겪어보게도 합니다. 그 시간들이 아이를 더욱 성장시키고 독립적 존재로 만들 수 있다는 믿음으로 말이죠. 이렇게 부모가 가지는 분별의 믿음이 곧 사랑입니다.

:

사랑이란 그 사랑에 관여한 사람들의 온전함과 현실을

둘 다 보존하는 유일한 형태의 관계이다.

<Erich Fromm>

:

조직 안에서도 구성원들을 독립적 존재로

만들기 위해서 사랑이 필요합니다.

사랑은 '분별 있게'주고 '분별 있게' 주지 않는 것입니다.

따라서 우리에게는 '분별력'을 기르는 것과 함께 분별의 가늠이 되는 척도와 기준이 중요해집니다. 사회와 가정에서의 상황은 차치하고, 우리가 일하고 있는 조직 안에서 분별하기 위한 기준이 되는 것은 무엇인가요?

조직 안에서 분별하는 역할을 하는 사람이라면 아무래도 리더가 먼저 생각납니다. 리더는 분별하여 의사결정을 하는 사람이니까요. 그런데 의사결정은 리더만 하고 있는 것은 아닙니다. 조직 안에서 일을 하고 있는 모든 구성원들을 각자의 자리에서 매일 의사결정을 하고 있습니다. 갓 들어온 인턴 사원이라고 할지라도 말이죠. 예를 들면, 어떤 이슈를 팀장님께 보고를 할지 말지, 보고를 한다면 어느 타이밍에 해야 할지, A를 먼저 이야기할지 아니면 B를 더 강조해서 이야기를 할지, 보고서의 이미지는 어떤 이미지를 사용할 것인지, 외부 손님과 식사는 어디로 갈 것인지... 이와 같이 업무와 직접적으로 연관된 것부터 조직 안에서의 작은 일상까지 모든 구성원들은 각자의 장면에서 의사결정을 하고 있습니다.

의사결정에 영향을 주는 요인은 개인마다 다릅니다. 어떤 사람은 리더의 정서 상태를 주의깊게 살핍니다. 오늘따라 리더가 저기압이고 예민하다면 의사결정의 내용들을 나중으로 미룹니다. 괜히 보고하러 들어갔다가 좋은 소리를 듣지 못할 뿐만 아니라 어렵게 준비한 보고서가 한 순간에 쓰레기가 되기 쉬우니까요. 또 어떤 사람은 조직 내 권력 관계로 본인의 행동을 결정합니다. 조직에서 더 큰 영향력을 발휘하는 사람의 의견에 동조하며 그에게 자신의 존재감을 보이려 노력하고, 그의 취향과 기호에 맞추기 위해 애를 씁니다. 제도와 시스템도 의사결정에 큰 영향을 줍니다. 예를 들어, 어느 한가지 일을 진행하기 위해 5-6명이나 되는 의사결정자의 승인을 받아야 한다면 새로운 시도를 하기가 쉽지 않습니다. 이러한 과정에서 일이 진행되기 위해서는 대여섯

명 모두의 승인이 필요한 반면, 단 한 명만 거절해도 일은 진행되지 않을 수 있으니까요. 어렵게 승인을 얻었다고 하더라도 A라는 기획이 중간에 의사결정자들을 거치며 B도 아닌 E나F가 되어서 돌아오는 경우도 많습니다. 이러한 경험이 반복되면 애초 이 일을 기획한 담당자는 원래의 목적 달성을 위한 아이디어를 포기하고 오직 '승인'만을 위한 방법에 치중하기 쉽습니다.

국어사전에 찾아보면 의사결정의 첫번째 뜻은 '자신의 생각을 명확하게 함'으로 나와있습니다. 조직 안에서 좋은 의사결정을 위한 분별의 기준이 '리더'이고 '권력'이고 '제도와 시스템' 이라면, 과연 자신의 생각을 명확하게 정리하고 추진해갈 수 있을까요?

리더와 권력과 제도와 시스템이
조직 안에서 기준이 되면
조직 안에서 '숨바꼭질 현상'을 발견할 수 있습니다.

조직 안의 숨바꼭질은 의사결정의 책임이 있는 개인이 조직 안에 숨는 현상입니다. 어떠한 결정이 오류가 발생하고 조직 안에서 불편함을 초래하였을 때 "내가 아니라 조직이 그렇게 했어요!" 라고 외치는 것이죠. '시켜서 어쩔 수 없었다. 상황이 그렇게 만들었다.' 그렇게 나의 뜻과는 다르다고 주장하며 책임을 떠넘깁니다. 의존성이 강한 구성원들이 조직 안에 가득하면 이렇게 숨바꼭질 현상이 발생하며 조직문화가 곤두박칠 치게 됩니다. 구성원들이 독립심을 가지고 주체적인 역할을 할 수 있도록, 우리는 분별력을 발휘해야 합니다.

∨

조직 안에 존재하는
우상

우리가 현명하게 분별력을 발휘하기 위한 기준은 무엇이 되어야 할까요? 조직 안에서는 생각과 판단의 기준이 사람일 때가 많습니다. 구체적으로 '내 위에 있는 사람이 어느 것을 좋아하고 싫어하는가?'가 지금 나의 선택에 영향을 주는 경우가 많죠. 점심 메뉴는 팀장이, 점심 이후 커피 메뉴는 그 밑의 차선임자가 결정한다는 우스갯소리처럼 조직 안에서 더 큰 지위적 권한을 가지고 있는 사람의 결정에 따르는 겁니다. 비단 식사나 커피뿐만 아니라 업무적 의사결정에서도 리더의 선호에 따라 본인의 행동을 결정합니다. 나 혼자 그러는 게 아니라 함께 일하는 동료들도 'SSKK(시키면 시키는대로 까라면 까는)'의 정신으로 일하고 있기 때문에 괜히 내가 다르게 행동했다가는 찍힐까 봐 염려가 됩니다. 혼자가 아닌 집단의 선택과 행동은 그 자체로 특정한 압력이 존재하는 조직문화를 만듭니다. 개인이 '누가 뭐라고 하지 않았는데 왠지 OOO해야 할 것 같은 의무감'을 갖게 된다면 집단의 압력이 존재한다고 할 수 있습니다.

조직 안에서 선택의 기준이 사람이 되고

그 사람에게 구성원들이 의존하게 되면

구성원들은 스스로 고민하고 생각하지 않습니다.

'어차피 리더가 알아서 다 결정할텐데'라는 생각은 낯선 시각으로 현상을 바라보는 것과 새로운 도전을 방해합니다. 이런 환경에서 구성원들의 창의성과 자율성은 저해됩니다. 그리고 일의 결과에 대해 스스로 책임을 지지 않고 리더 탓을 하기 쉽습니다. 앞에서 이야기 한 숨바꼭질 현상이 나타나는 것이죠.

:

인간은 자신을, 자신의 확신, 자신의 감정을

더 이상 자기 고유의 것으로 경험하지 않는다.

타인들과 구분되지 않을 때 자신과 일치한다고 느낀다.

<Erich Fromm>

:

혹자는 이런 현상을 의사결정의 프로세스 탓으로 돌리기도 합니다. 최근에 역할을 중심으로 조직을 운영하는 애자일 조직이 많이 나타나고 있긴 하지만, 여전히 아직까지도 대다수의 기업 조직은 피라미드 조직으로 운영되고 있습니다. 피라미드 조직 내에서 일이 진행되기 위해서는 여러 명의 상위 직책자의 승인이 필요하지요. 이 의사결정자들의 성향과 기호를 벗어나면 촘촘하게 얽히고 설켜있는 의사결정 프로세스를 통과하여 일이 진행되기가 어렵습니다. 따라서 조직 안에서 선택의 기준이 사람이 되는 것에 프로세스가 일부 영향을 준 것은 사실입니다.

하지만 조직 안에서 평가와 판단의 기준이 사람이 아니라 프로세스라고 할지라도 현실이 왜곡되는 것은 동일합니다. 기본적으로 그 프로세스를 운영하는 것은 사람이고 프로세스 위에 존재하는 것이 사람이 가지고 있는 권한이기 때문입니다.

어떤 사람이나 사물이 특정한 권한을 가지게 되고,
그가 제시하는 '옳다'와 '그르다'는
판단의 기준이 절대적인 영향력으로 행사될 때,
우리는 그를 '우상'이라고 부릅니다.

이윤추구에서 이웃추구로

근대 경험론의 선구자로 불리는 프랜시스 베이컨(Francis Bacon)은 참된 지식에 접근하는 길을 가로막는 편견과 선입견을 '우상'이라고 정의하고 네 가지의 우상을 제시했습니다. 먼저 '종족의 우상'은 인간의 관점과 잣대로 현상을 바라보고 판단하는 선입견입니다. 새들의 지저귐을 '새들이 노래한다'고 표현하는 것이 대표적입니다. 둘째는 '동굴의 우상'입니다. 이는 개인의 편협한 경험에서 출발하는 편견으로, 예를 들면, 어쩌다 외국인 동료와 갈등을 겪은 사람이 원래 외국인은 까탈스럽다고 생각하는 것이지요. 개인의 특수한 경험을 보편적인 것이라고 믿는 것입니다. 셋째는 '시장의 우상'입니다. 이 우상은 잘못되고 적합하지 않은 언어의 사용이 실제 사물에 대한 이해를 방해한다는 것입니다. 귀신, 요정과 같은 상상속에서만 존재하는 것들을 언어로 표현함으로써 마치 정말 있는 것처럼 생각하는 것이나, 사람들이 말을 주고받으며 낳게되는 수많은 소문이나 과장들도 시장의 우상에 해당됩니다. 마지막은 '극장의 우상'으로 이는 권위에 의해 나타나는 다양한 학설이나 법칙을 무비판적으로 받아들이는 것입니다. TV에 자주 등장하는 유명인의 말을 맹목적으로 따르는 것처럼 주어진 권위를 그대로 받아들이는 태도는 극장의 우상에 빠져있는 것입니다.

:

우리의 사물 숭배,

우리 손으로 만든 결과물에 대한 숭배는

선지자들이 말했던 것과 똑같은 우상숭배이다.

우리의 신들은 선지자들이 말한 우상과 똑같이

눈이 있어도 볼 수 없고 손이 있어도 아무것도 만질 수 없다.

<Erich Fromm>

:

> 네 가지 우상 (by Francis Bacon)

우상	내용
종족의 우상	인간의 관점과 잣대로 현상을 바라보고 판단 : 인간중심사고
동굴의 우상	개인의 편협한 경험에서 출발하는 편견 : 성급한 일반화
시장의 우상	잘못되고 적합하지 않은 언어의 사용 : 소문이나 과장
극장의 우상	권위에 의해 나타나는 학설이나 법칙을 무비판적으로 수용 : 유명세나 전통의 맹목적 숭배

　　조직 안에도 우상이 있습니다. 조직 안에서 우상은 처음부터 우상이 되지 않습니다. 좋은 의도로 시작했다가 본질을 잃고 망가지는 것이지요.

　　피터드러커가 제안한 목표에 의한 관리법(MBO, Management by objectives)은 목표 설정 과정에 개인이 참여하여 동기부여를 높이고 조직과 개인의 목표를 연결하여 조직 전체의 경영 효율성을 높이기 위한 목적으로 탄생하였습니다. 하지만 조직과 개인의 성과가 명확히 정의되지 않고, 피드백이 효과적으로 작동되지 않는 조직에서 MBO는 원래의 목적을 상실하고 단순한 개인평가 도구로 활용됩니다. 제대로 된 성과를 달성하기 위해 개인의 역할을 조정하고 가이드하는 데에 제도가 활용되는 것이 아니라, 보상을 위한 평가 등급의 근거로 MBO과정에서 도출된 KPI(Key Performance Indicator)에만 집착할 뿐입니다. 개인과 조직의 성공을 KPI달성이라고 맹신하고 사력을 다합니다. 즉, 조직의 우상이 KPI가 된 것이죠.

본래의 목적과 기능을 상실한 평가 제도는 구성원이 공격적인 목표에 도전하기 보다는 쉽게 달성할 수 있는 목표에만 접근하게 만듭니다. 조직의 전략과는 상관없는 목표를 설정하고 이러한 목표를 달성했다는 근거와 명분을 만들기 위해 개인과 조직 모두에게 도움이 되지 않는 부질없는 시간을 보냅니다. 잘한 점과 잘해야할 점을 구별하여 개인의 성장을 조직의 성장으로 연결해야 하는 리더는, 고만고만한 성과들 사이에서 성적을 매기느라 진땀을 흘리며 노심초사 하겠죠. 가장 우려스러운 것은 이러한 과정으로 자신의 기대에 미치지 못하는 결과를 받게 된 구성원들이 감정이 상하고 자신의 잠재력과 성장가능성을 한계 짓는다는 것입니다.

조직 내 우상은 하나 일수도 있지만 생각보다 여러 우상이 존재할 수도 있습니다. 위에서 말씀드린 것처럼 성과를 위해 만들어놓은 장치나 제도일 수도 있고, 사람일 수도 있으며, 맹목적으로 가지고 있는 믿음일 수도 있습니다.

언젠가 함께 일했던 팀원들과 한 가지 일로 논쟁을 벌인 적이 있습니다. 조직문화 프로그램에서 자신의 경험과 생각을 공유해줄 토커(Talker) 섭외 절차 때문이었죠. 저의 의견은 '우리가 생각하는 적합한 당사자에게 먼저 참여 의사를 물어보고, 이후에

소속 리더에게 보고한다'였고 멤버들은 '리더에게 먼저 적합한 대상 명단을 받고, 그 사람들을 컨택해야한다'였습니다. 구체적으로 말하면, 멤버들의 주장은

"어차피 우리가 생각하는 사람들에게 물어봤자 그 위에 A님에게 확인해봤냐고 되물어본다. 결정은 어차피 A님이 다하시는데 우리가 생각하는 당사자에게 물어봤자 무슨 소용이 있나. 설령 당사자가 참여하고 싶다고 해도 A님이 승인을 해주시지 않으면 그만이다. 그건 참여를 희망한 당사자를 오히려 불편하게 만드는 것 아니겠냐. A님에게 적합한 사람을 물어보고 명단을 받아서 진행하는 것이 스무스하다."

였죠.

저는

"그렇게 가는 것이 조금 더 편할 수 있을지 모르지만, 나는 이 프로그램의 토커라면 '자발적인 의지'가 중요하다고 생각한다. 자신의 의지, 자발성 없이 무대에 올라오는 것과 타인에 의해 압박과 강요에 의해 올라오는 것은 분명히 다르다. 설령 리더가 그럴 수 있다 하더라도, 그 리더를 설득하는 과정을 거치고 참가자가 잘 할 수 있도록 도와주는 게 우리 역할 아니겠냐. 참가자가 처음에 다소 염려와 두려움이 있다면 그것을 조금 더 편안하게 만들어주고 안정적으로 할 수 있게 도움을 주는 게 우리 역할이다. 이 프로그램의 취지와 목적에 맞게 가장 잘 역할을 해 줄 수 있는 구성원이 우리 생각에 가장 적합한 참가자임을 이야기해주고, 그래도 정 못하겠다면 그건 그 참가자의 선택을 존중해주면 될 것이다. 가장 중요한 것은 자신이 스스로 선택하고 결정하게 하는 과정이다."

라고 의견을 내세웠습니다.

이야기는 현재 구성원들이 일하고 있는 방식이나 직무 특성뿐만 아니라, 리더에 대한 인식, 조직의 의사결정 방식까지로 이어졌고, 멤버들은 각자의 경험을 근거로 본인들의 주장을 굽히지 않았습니다. 이야기를 나누다 보니 멤버들이 이야기하는 구성원들이 느끼는 프로그램 참여에 대한 부담과 두려움은 실은, 조직문화 차원의 집단 압력에서 온 것임을 발견할 수 있었습니다.

'내가 이런 프로그램에 참여한다고 일 안 하고 논다고 생각하면 어떡하지? 바쁘지 않아 보여서 리더가 뭐라고 하진 않을까?'

'바쁘게 일하는 모습을 보이는 것이 조직에서 역할을 다하고 있는 것처럼 인식되고 있는 상황'이 분명히 존재했고, 그러한 인식에 대해 개개인은 분명히 합리적이지 않고 올바른 판단이 아니라는 인식은 가지고 있었지만, 집단의 압력으로 인해 '어쩔 수 없다'고 '해야만 한다'고, '그래서 할 수 없다'고 이야기하고 있었죠.

집단 차원에서 존재하는 믿음은 어디에서부터 온 것인지 그 기원이 불분명합니다. 어디서부터 시작된 믿음인지, 어떤 맥락과 근거로 나온 믿음인지 따져보지 않고 조직 안에서 사람들은 특정한 믿음을 맹목적으로 따릅니다. '왠지 그렇게 해야할 것 같은', '그렇게 하지 않으면 불이익을 볼 것만 같은' 집단의 분위기 때문에 말이지요. 집단 안에서 만들어지는 특정한 믿음이 옳고 그름의 기준이 되어 왜곡된 판단과 행동을 불러일으키며 우상화 되어버린 겁니다.

∨

조직 안에서 개인이
행동을 결정하기 어려운 이유

조직 내 우상화는 여기서 그치지 않습니다.

조직 안에서 만들어진 특정 믿음에 대한 기원을
많은 경우 구성원들은 '리더'에게서 찾습니다.

지위적인 힘과 영향력을 가지고 있는 리더 개인이 조직

안에서 구성원들이 특정한 행동을 '할 수밖에 없는' 분위기를 조장했고, 그 결과 '어쩔 수 없이' 그 행동을 '해야만 했다'는 겁니다.

"그때 보니까 리더가 ~ 라고 말하더라. 그러니 이번에는 꼭 OOO 하도록 결정해야 한다."

"지난번에 ~ 와 같은 상황에서 리더 표정이 별로 좋지 않더라. 다음부터는 반드시 OOO 해야 한다."

위와 같이, 많은 상황에서 조직 구성원들은 자신의 행동과 결정을 리더의 의도를 찾아 맞추려는 경향을 보입니다. 자신의 생각이나 의지와는 상관없이 리더의 말이라면 무조건 따릅니다. 아니 리더가 말을 하기도 전에 리더의 표정이나 기분을 살펴보고 자신의 그 다음 행동을 재빠르게 결정합니다. 이를 좋은 말로는 처신(處身)이라고 하지요.

물론 리더는 결정을 하는 사람이고, 조직 안에서는 분명히 결정을 위한 절차가 존재하며 각자 본인이 가지고 있는 역할과 책임 범위 안에서 결정의 수준이 다를 수 있음을 이해합니다. 문제는, 충분히 본인의 역할과 책임 범위 안에서 결정할 수 있는 문제까지 타인에게 돌리는 태도입니다. 본인에게 주어진 자기결정권을 포기하는 것은 누군가의 결정을 따르겠다는 순응으로 이어집니다. 이때의 순응은 '순순히 응하겠다'는 의미의 순응과는 결이 조금 다릅니다. '어쩔 수 없이 응해준다'는 표현이 조금 더 적절할 것 같습니다. 좀 더 격하게 표현하면

'이건 분명히 너가 하라고 해서 하는 거야. 난 책임 없어. 그러니까 무슨 일이 생겨도 나한테 뭐라고 하지 말라고. 그저 난 시키는 대로 했을 뿐이니까.'

이런 마음이 아닐까요.

스스로 사유하고 결정할 수 있는 힘은 인지하지 못한 채

그저 타인만이 자신의 행동을 지배할 수 있는 힘이 있다고 믿는 것.

사람에 대한 우상화, 특히 조직 안에서 리더를 우상화시키는 장면은

어느새 우리가 자주 만날 수 있는 일상이 되었습니다.

　　멤버들과 이야기를 마치고 얼마 안 있어 A리더와 점심 식사를 했습니다. 많은 구성원들 앞에서 냉철하고 예리하여, 무섭다고 소문난 A리더이지만 생각하는 것 이상으로 열려있는 개방적인 리더임을 저는 알고 있었죠. 회사에서 처음 조직문화 활동을 시작하게 된 계기도 실은 A리더가 적극적으로 추진한 덕분이었습니다. 그 자리에서 A리더에게 용기를 내어 솔직한 질문을 해보았습니다.

"OO조직 구성원들이 조직문화 활동에 참여하기를 어려워하는 것 같은데. 혹시 알고 계신가요?"

때 마침, A리더도 당시 조직문화 활동에 여러가지 생각
이 많았던 모양입니다. 조직문화와 관련해 속 깊은 이야기를 A리
더와 나누었고, A리더는 한숨 푹 쉬며 이렇게 이야기합니다.

"나도 알아, 다 내 탓이지 뭐. 분명히 또 직원들이 나 팔았을 거
아니야."

이 말에 큭큭 웃으며 제가 원하는 요구사항을 한번 슬쩍
꺼내놓습니다.

"직원들이 그렇게 오해하고 있네요. 그럼 이번에 OO프로그램 하
는데 진행 한번 맡아주세요. A리더님이 진행해주시면 구성원들
호응도 좋고 참여율도 더 높아질 것 같은데."

그렇게 해서 그 달에 계획되어 있던 조직문화 프로그램

은 A리더의 진행으로 더 많은 직원들의 관심과 참여를 이끌어낼 수 있었습니다. 그 후에 예정된 프로그램도 A리더의 적극적인 지지와 응원으로 꾸준하게 지속성과 일관성을 가지고 진행할 수 있었죠.

마셜 로젠버그(Marshall B. Rosenburg)는 어떤 일이든 강요 때문에 하면 모든 사람이 그 대가를 치른다고 경고하였습니다. 그리고 우리가 가지는 느낌의 원인이 결코 상대방이 한 행동에 있지 않으며 내가 어떻게 느끼냐는 나의 선택일 뿐이라고 이야기합니다. 우리가 어떻게 느끼는가는 우리가 그것을 어떻게 받아들이는가에 달려 있다는 말이죠.

조직 안에서 생활하는 구성원은 대부분 스무살이 넘은 성인으로서 자신의 행동을 본인 스스로 결정하고 있다고 믿고 있습니다. 어떤 현상에 대해서 느끼는 감정과 정서, 그로 인해 가지게 되는 결심과 의지, 그에 따른 행동, 그 모든 것이 자신이 스스로 느끼고 결정한 과정이자 결과라고 믿고 있는 것이죠. 과연 그 럴까요? 에리히 프롬은 자신의 결심이 자신의 것이라는 생각은 굉장히 큰 착각이라고 지적합니다.

:

우리가 결심하는 것의 대다수는

실제 우리의 결심이 아니라 외부에서 암시된 것이다.

우리는 그것이 우리 자신의 결심이라고

스스로를 설득할 수 있지만

실제로는 타인이 우리에게 기대하는 대로 행동한다.

그 이유는 고립이 두렵기 때문이며

우리의 삶, 우리의 자유와 안락이

직접적인 위험에 처했다고 느끼기 때문이다.

<Erich Fromm>

:

이윤추구에서 이웃추구로

많은 조직들의 창의와 도전을 이야기합니다. 창의와 도전이 조직 안에서 일상이 되려면 그동안과는 다른 낯선 장면들이 연출되고 그것이 조직 안에서 수용이 되는 것을 구성원들이 경험해야 합니다. 그래야 조직 안에서 새로운 생각과 시도가 허용되는 것을 믿게 되죠. 하지만 새로운 시도를 불편해하고 긁어 부스럼 만드는 일로 여긴다면 구성원들은 평균적인 사고에서 벗어나기가 어렵습니다. 다른 행동이 아니라 틀린 행동이라고 여겨지는 평가와 판단에서 자유롭기란 쉽지 않습니다. 조직 안의 대다수가 가지고 있는 집단의 믿음과 압력을 좇지 않고 한 개인이 고유의 사고를 유지하는 것은 대단한 용기와 각성을 필요로 하지요. 자신만의 고유한 사고를 유지하며 경험하게 되는 고립감이 점차 개인을 집단의 믿음과 압력에 동조하게 만듭니다. 이 과정에서 개인은 자신이 가지고 있는 생각과 감정, 행동을 스스로 선택하고 결정했다고 믿게 되는 것이죠.

나의 느낌은 어디에 기인하는가?

그것은 현실의 세밀한 관찰을 통해 나에게 다가온 느낌인가?

알 수 없는 집단의 압력에서 오는 부담인가?

나는 어느 상황에서 죄책감을 느끼는가? 그것은 어디에서 오는가?

내가 '해야한다' 또는 '할 수 없다'고 주장하는 것은

특별한 압력에서 오는 것은 아닌가?

나는 지금 어떤 느낌과 감정을 선택하고 있는가?

그건 진실로 나의 선택인가?

조직 안에서의 특정한 믿음이나 사람(리더)을 우상으로
만들지 않기 위해서는 위와 같은 질문들이 필요합니다.

∨

<u>온전함</u>과 **자기다움**에 대하여

사람이 누릴 수 있는 자율성은 '스스로를 통제할 수 있는 힘'에 기인합니다. 특히 조직 안에서의 자율성은 '조직이 중요하게 생각하는 가치의 범주 안에서' 스스로를 통제할 수 있는 힘을 전제로 하지요. 본인 스스로를 통제하기 위해서는 먼저 자신의 생각과 행동을 결정할 수 있는 힘이 자신에게 있음을 발견해야 합니다. 비록 조직 안에 위계질서가 있고 나의 결정이 나보다 지위가 높은 사람에 의해 영향을 받을 수밖에 없다 할지라도 우리는 먼

저 진짜 나의 생각을 발견해야 합니다. 이것이 인간으로서 온전
해지고 자유를 획득할 수 있는 열쇠이기 때문이죠.

:

수단은 도구이고, 수단으로 이용되거나

스스로를 수단으로 이용하는 사람은

자유롭게 행동하는 인간이 아니라 대상, 사물이 된다.

<Erich Fromm>

:

조금 더 철학적인 질문에 대해 한 번 생각해볼까요? 인
간으로서 온전해진다는 것은 어떤 의미일까요?

**에리히 프롬의 말에 따르면 인간이 온전해진다는 것은
'자신을 잘 꿰뚫어보는 것' 입니다.**

이윤추구에서 이웃추구로

즉 '너 자신을 알라'는 계명을 충실히 따르는 것이죠. 그런데 이 계명을 충실히 따르지 못하게 방해하는 요인 중의 하나로 에리히 프롬은 '전문가 또는 권위자에 대한 맹목적인 믿음'을 지적합니다. 복잡한 개인과 사회의 문제를 전문가(권위자)만 이해하고 있다고 주장하고 믿는다면 개인의 사고력을 믿는 용기를 빼앗기게 된다는 겁니다. 즉, 전문가에게만 의존하게 되어 개인의 분별력을 상실해버리는 것이지요.

앞에서 분별이 사랑과 연결되어 있음을 이야기했는데, 기억하시나요? 스캇펙의 말을 빌려 사랑은 분별 있게 주고 분별 있게 주지 않는 것이라고 했었죠. 그래서 분별의 가늠이 되는 척도와 기준을 알아보고자 이야기가 여기까지 흘러왔습니다. 정리하자면, 조직 안에 우상을 만들지 않고 자율을 제대로 누리기 위해서는 인간으로서 온전해져야 하고, 인간이 온전해지는 것은 자신을 잘 꿰뚫어본다는 것이고, 그것은 곧 분별력을 갖추고 있음을 의미합니다.

각자의 취향과 기호에 따라 어떤 사람들은 특정한 물건을 수집합니다. 여행했던 도시의 상징이 그려져있는 티셔츠나 머그컵, 좋아하는 영화나 애니메이션의 피규어, 좋아하는 작가의 그림이나 책 등이 방이나 거실 한 쪽의 공간을 차지하고 있을 겁니다. 때마다 한 개 두개 모으던 수집품들은 개수가 늘어가며 어느덧 '컬렉션'이 만들어지죠. 컬렉션이 만들어지면 일종의 '온전함'이 생깁니다. 단독으로 하나씩 존재했을 때 보다 더 큰 가치가 만들어지며 집합으로서의 생명력이 만들어집니다. 컬렉션 중에 어느 하나를 잃어버리거나 손상이 생기면 컬렉션은 온전해지지 못합니다. 구성품이 함께 있을 때의 균형이 무너지면 컬렉션이 가지고 있던 생명력과 가치도 빛이 바래집니다. 컬렉션은 구성품이 모두 함께 있을 때 비로소 온전해지니까요. 이런 관점에서 온전함은 유기적인 속성을 가지고 있습니다. 각 부분이 서로 밀접하

게 관련을 가지고 영향을 주고받으며 전체를 이루었을 때 비로소
완성됩니다. 마치 우리의 신체 기관처럼 말이죠.

교사의 교사라고 불리는
미국의 교육 지도자 파커 J. 파머(Parker J. Parmer)는
온전함을 '완전함을 뜻하는 것이 아니라
깨어짐을 삶의 불가피한 부분으로
받아들이는 것'이라고 이야기하였습니다.

그에 따르면 온전한 삶이란 '영혼과 역할이 결합된 삶'으
로, 자신이 맡은 역할에 온 힘과 마음을 바치며 살아가는 것이죠.
이와 반대로 분리된 삶은 맡은 일에 온 힘을 다하지 않고 그 일로
도움받게 될 사람들을 외면한 채 자신의 재능과 능력을 발휘하
지 않는 것, 진실을 감추고 다른 이들을 희생시키며 이득을 얻으
려고 하는 것, 갈등과 도전의 변화를 피하기 위해 자신의 신념을
숨기는 것, 비판과 따돌림으로 공격받을까 두려워 진정한 자신의

정체를 숨기는 것 등으로 속마음과는 다른 무언가를 연기하며 진실을 숨긴 채 사는 삶이라고 지적합니다. 조직 안에서의 장면으로 생각해보면 앞에서 언급한 '숨바꼭질 현상'에서 나타나는 모습들과 동일합니다. 조직이나 특정한 개인 밑에 숨어서 해결해야 할 문제를 모른척하거나 무시하고 최대한 자신이 드러나지 않도록 감추는 행위를 일삼으며 조직 안에 기생하고 있는 사람은 영혼과 역할이 분리된, 온전하지 못한 삶을 살고 있는 것입니다.

국어사전에서 '온전하다'의 뜻을 찾아보면 '본바탕 그대로 고스란하다'라는 설명이 가장 먼저 등장합니다. 뭔가 더해지거나 늘어나는 것이 아니라 원래부터 있었던 그대로 존재한다는 것이죠. 이 의미에 따르면 원래 가지고 있는 성질이나 속성을 그대로 가지고 있을 때 우리는 '온전하다'는 말을 사용할 수 있습니다. 컬렉션이 컬렉션일 수 있게 하는 조건은 모든 구성품이 원래 있어야 할 자리에 있어야 하는 것이죠. 마찬가지로 조직이 조직

일 수 있게 하는 조건은 원래 해야할 역할을 영혼과 역할이 분리

되지 않은 본연의 태도로 하는 겁니다.

'완벽'하게 역할을 수행하는 것이 아닙니다.

깨어짐을 불가피한 부분으로 받아들이면서

'완성'을 향해 나아가는 겁니다.

모든 것이 부족하고 부조리해 보이는 상황에서

자신이 가지고 있는 본연의 사유를 지속하고 확장해나가며

'자기다움'을 꾸준하게 지켜나가는 과정입니다.

결국, 인간으로서 온전해진다는 것은

제약과 한계 속에서 본연의 모습,

즉 자기다움을 찾아가는 과정입니다.

∨

자기다움을 살리는
조직의 발전과 진화

인간의 온전함을 살리는 일은 최근 조직에서

점점 중요한 화두가 되어가고 있습니다.

시대의 변화에 따라 조직도 진화하고 조직문화의 패러다

임도 변화하며 조직 내 구성원과의 관계도 함께 변화합니다.

프레데릭 라루(Frederic Laloux)가 설명한 조직의 진화과정으로 함께 살펴볼까요? 라루가 제시한 모델은 시대에 따라 사람들의 의식과 환경이 변화하고 새로운 협업방식이 등장하며 조직문화 패러다임이 어떻게 진화해왔는지를 보여줍니다. 각 단계는 상징적인 색깔을 가지며 나름의 특징과 경쟁력을 가지고 있습니다.

> **조직의 진화과정** (by Frederic Laloux)

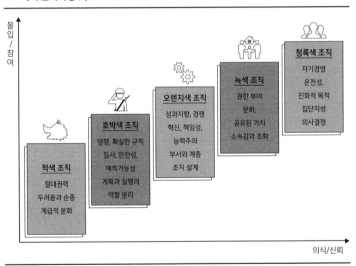

먼저 첫번째 단계는 적색 조직(Red Organizations)으로 이

리떼에 비유됩니다. 원시 부족사회부터 나타난 오래된 조직구조로 우두머리는 압도적인 힘을 과시하며 타인을 자신의 의지에 복종시킵니다. 때때로 가족을 요직에 배치하여 충성심을 확보하는 방법으로 조직 운영의 안정성을 추구하기도 하죠. 강력한 보스의 권위적인 통치로 조직은 생존을 이어나가며 권위의 유지를 위해 권력자의 신화 같은 이야기를 유포하기도 합니다. 이런 적색 조직의 특징은 오늘날에도 마피아나 갱단에서 발견할 수 있습니다.

다음 단계는 호박색 조직(Amber Organizations)입니다. 공포통치에 기반한 불안정한 권력구조가 장기적 성공을 거둘 수 없을 때 나타나며, 군대에 비유됩니다. 계급제에 기반하여 질서와 안정을 추구하고 상급자가 강력한 권한을 행사합니다. 행정적인 절차와 위계질서 안에서의 지위가 조직 운영에 매우 중요합니다. 호박색 조직에서 계획과 실행은 엄격히 분리됩니다. 생각은 상층부에서 이루어지고 실행은 하층부에서 이루어지죠.

이윤추구에서 이웃추구로

이다음 오렌지색 조직(Orange Organizations)은 호박색 조직이 매우 경직되어 새로운 시대와 환경의 요구에 부응하지 못할 때 등장합니다. 이 조직은 이성과 합리의 시대에 등장하며 기계에 비유됩니다. 오늘날 많은 기업이 오렌지색의 단계에 해당되는 특성을 가지고 있습니다. 예를 들면 조직 안팎으로의 경쟁, 이윤 극대화의 추구, 목표 지향적 경영이 조직을 운영하는 패러다임이지요. 목표 달성을 위한 혁신과 책임을 강조하며 구성원에게는 제한된 자유가 주어지고 실적에 따라 승진과 보상을 제공합니다. 일이 목표에 대한 수치로 귀결되면서 조직 안에 다양한 왜곡 현상이 발생합니다.

오렌지색 조직의 구성원이 스스로 기계의 부품처럼 느껴지기 시작하며 물질적 보상이 동기부여로 잘 작동되지 않을 때, 다음 단계인 녹색 조직(Green Organizations)이 등장합니다. 이 조직에서 사람들은 일터에서 이전보다 더 많은 의미를 찾기 시작합니다. 녹색 조직은 고객만족을 위해 공유가치에 근거해 의사결정을 하고 이 과정에서 구성원들이 높은 참여도를 보입니다. 전략보다 문화를 중시하며 계급과 상관없는 권한을 부여합니다. 최근 많은 조직들이 관심을 가지고 있는 애자일과 린의 개념은 이 녹색 조직의 단계에서 나타납니다.

프레데릭 라루는 여기까지의 조직 진화단계에서 한 단계가 더 있음을 이야기합니다.

녹색 조직이 합의 형성이 안돼 의사결정이 느려지며 한계와 갈등이 나타날 때, 계층구조 없이 효과적으로 일하는 방법을 발견하며 마지막 청록색 조직(Teal Organizations)이 등장합니다. 청록색 조직은 생명체에 비유되며 마치 자연의 세포가 중앙의 지시나 통제없이 자기조직화로 움직이듯 끝없이 진화를 추구합니다. 수평적인 조직구조와 역할들이 진화하는 목표와 비전에 맞추어 수시로 변화하며 자기경영 방식으로 조직을 운영합니다. 청록색 조직은 관리자가 없습니다. 대신 진화하는 사명만이 있죠. 이 사명을 바라보고 직원들 모두가 피드백을 주고받으며 의사결정자(Decision Maker)로서의 역할을 수행합니다.

청록색 조직에서 강조되는 경쟁력이 바로
온전성(Wholeness)입니다.

프레데릭 라루는 이 온전성을 '영성, 지성, 창조성 등 자신의 개성을 온전히 드러내는 것'이라고 설명합니다. 조직 안에서 자신을 있는 그대로 보여주는 것이죠. 조직 안에서 꾸미지 않은 자기 본연의 모습, 즉 자기다움을 보여줄 수 있는 것입니다. 조직 안에서 자기답게 존재하는 온전함. 그것이 청록색 조직의 핵심 경쟁력입니다.

$\vee$

조직에 필요한 **독립성**

사람이 본인이 가지고 있는 원래의 모습으로 자기답게 존재한다는 것이 어찌보면 당연한 이야기처럼 들리지만, 조직 안에서 자기다움을 지키는 일은 쉬운 일이 아닙니다. 오히려 자기다움을 포기하고 집단 안에 들어가 순응하는 것이 더 쉬울지도 모르죠. 자기다움을 지키는 것은 고립감을 초래합니다. 자기가 가지고 있는 고유한 생각이 누군가에게는 불편한 생각으로 치부되며 '특이한 사람', '불편한 사람' 또는 '눈치없는 사람'으로 낙인이 찍히기도 합니다. 때로는 조직에 적응하지 못하는 '부적응자'라는 오명을 받기도 하여 처음에 주체적이고 독립적인 사고와 행동을 보인 사람도 점차 조직의 평균적인 사고와 행동의 특성을 가진 사람으로 수렴합니다. 자기다움을 지키는 일은 곧 독립성을 지키는 것인데, 많은 조직에서는 독립성의 의미를 '이기적이고, 고집스러우며, 협업하기에 불편한' 정도의 이미지로 받아들이는 것 같습니다. '팀워크'나 '협력'이라는 가치를 앞세워 최대한 갈등이 일어나지 않는 나름의 긍정적인 조직을 만들기 위해 애를 씁니다.

:

팀워크와 참여라는 패러다임은

어쩔 수 없이 일정 수준의 화합을 장려한다.

항상 타인과 협력해야 한다면 그 사람들과

잘 지내고 싶은 것이 모두의 마음일 테니 말이다.

하지만 규칙이 사라진 곳에서는

기준이 흐려지고 책임도 모호해진다.

바로 이런 상황이 유화주의자들을 키워낸다.

유화주의자들은 원래부터 기준이 없는 사람들이라

이런 곳에서는 그야말로 물 만난 고기가 된다.

'최대한 화목하고 갈등 없는 분위기 유지'라는

높은 목적을 통해 그들의 '무無입장,

낙관주의, 인간관계 전략'은 정당화된다.

그들에게는 갈등을 일으킬 소지조차 없다.

아무것도 주장하지 않기에 아무 문제도 유발하지 않는다.

그리고 유화주의자들은 놀라운 방식으로 자신을 재생산한다.

유화주의자들이 다시 유화주의자를 뽑는다.

이런 메커니즘이 '단일 문화'를 더욱 강화하고,

팀은 서로를 너무나 잘 이해하기에

비판을 모르는 예스맨들로 채워진다.

사람들은 비슷한 사람들에게 끌린다.

이윤추구에서 이웃추구로

조직도 조직과 성향이 비슷하거나

'화합할 수 있는' 사람을 선별하는 경향이 있고,

그 결과 직원들의 인성에 공통점이 많아진다.

조직에 적응하지 못하는 사람들은 떠나고,

그로 인해 직원들은 예전보다 더 비슷해진다.

창의적 아이디어는 유화주의자들의 것이 아니다.

관습과 규칙을 어기고 조화를 깨뜨리기 때문이다.

유화주의자들은 집단의 규범에 맞는 아이디어만 골라

지지하고 살려낸다.

<Thomas Vasek>

:

위와 같이 지나치게 화합이 강조되는 조직 문화에서는

유화주의자들을 키워내기 쉽고 결국 창의성이 일어나기 어려운 단일 문화가 더욱 강하게 형성됩니다. 즉, 구성원들이 각자 고유한 사고를 하며 독립적인 판단을 하는 자기다움을 발휘하기가 어려워지면서 조직 내 다양성이 무너지고 규범이 강조되는 조직문화가 만들어지는 것이죠.

앞에서 애자일과 수평적인 조직문화가 지향하는 것은 구성원들을 주체적인 의사결정자가 되도록 돕는 것이고, 이를 위해 각 구성원들을 독립적인 존재로 성장시키는 것이 중요하다고 말씀드렸는데요.

그렇다면 조직 안에서의 독립성을 우리는 어떻게 이해해야 할까요? 이번에는 철학자 최진석 교수의 생각을 따라 조직에 필요한 독립성을 이해해보겠습니다.

최진석 교수는 선진국과 후진국의 가장 큰 차이를 독립

성으로 설명합니다. 후진국은 철학을 수입하는 나라입니다. 철학을 수입하는 것은 생각을 수입하는 것이고 이는 삶의 기본 원칙들을 수입하며 종속성을 드러내는 것입니다. 이런 나라는 다른 나라의 창의적 결과들을 따라하고 모방하기에 급급합니다. 문화를 현실과 분리되어 있는 것으로 이해하며, 현실이 충족되고 나면 향유하는 것 또는 고상하지만 쉽게 친해지기 어려운 것으로 받아들이죠. 반면 선진국은 철학을 생산하는 나라입니다. 남의 것을 그대로 따라하지 않고 스스로 생각합니다. 자신이 처한 세계에서 치열한 사유를 거듭하고 새로운 시도를 합니다. 고유하고 독창적인 철학을 기반으로 가장 먼저 자동차를 만들고 스마트폰을 만듭니다. 독립적인 사유를 통해 자신들의 새로운 '장르'를 개척해 나가는 겁니다. 시대에 대응하는 새로운 개념과 방향을 창출하며 뒤에서 따라가는 것이 아니라 앞에서 이끕니다. 이를 '선도력'이라고 합니다.

최진석 교수는 선도력이나 선진성은 종속성을 벗어나는 데서만 꽃필 수 있다고 이야기하며 다음과 같이 독립성을 강조합니다.

:

· 종속성을 벗어나는 일은 의식 있는 개별자가 역사적 책임성을 회복해야만 가능해지는 일입니다. 이는 자신이 독립적으로 시대의식을 파악함으로써 가능해집니다. 자신만의 능력으로 세상에 질문을 제기함으로써만 가능하다는 말입니다.

· 독립이라는 것은 궁극적으로 이야기했을 때 집단이 강제하는 일반적인 이념과의 자발적인 단절이고 고립입니다. 우선은 '우리'에서 이탈해 '나'로 서는 것입니다.

· 독립을 이룬 자기는, 즉 고독한 자기는 비록 단절과 고립의 상태에

있지만, 단절과 고립의 힘을 통해서 비로소 종속성을 깨닫고 거기서 벗어날 수 있습니다. 종속성을 벗어나자마자 이 독립적 주체는 능동성을 회복하고 진실한 내면을 외부로 확산할 힘을 갖게 됩니다. 그리고 자기를 확산하는 활동이 시작되면 비로소 창의적이고 생산적인 연결도 함께 시작됩니다.

· '연결'을 통해서 발휘되는 창의성은 기존의 정해진 관념과 과감하게 '단절'한 독립적 주체에게만 일어날 수 있는 일입니다.

                    ⋮

　　　최진석 교수의 말대로 독립성은 '나로 서는 것'입니다. 나로 선다는 것은 스스로 사유하고 행동한다는 것입니다. 누군가의 생각을 수입하고 그대로 따르는 것이 아니라 먼저 나의 생각을 확인하고 내가 있는 곳에서 고유한 나의 생각을 완성해 나가는 것입니다.

다시 말하면 독립성은

'나의 고유성을 지키고 발전시켜 나가는 것'입니다.

개인이 독립성을 회복할 때 조직은 비로소 온전해질 수 있습니다.

∨

<u>일하기 좋은 조직문화</u>를 위한
<u>한 끗 차이</u>

A기업에서 오육십명 정도의 구성원을 대상으로 강연을 진행했을 때의 이야기입니다. 강연장 안에서 조직문화와 관련된 다양한 논의들이 오갔죠. CEO는 자율적이고 수평적인 조직문화로 변화시키기 위한 의지를 가지고 있지만 그 의지를 제대로 서포트하지 못하고 있는 경영진들, 변화를 저항하고 회피하는 리더와 조직 안에 숨어 마지못해 움직이고 있는 구성원들, 일관성을 지키지 못하는 원칙과 통제적인 의사결정 등 생각보다 솔직한 고

민과 의견들을 들을 수 있었습니다. 듣다보니 자연스럽게 제가 일하고 있는 회사와 비교가 되었습니다. 그래도 제가 일하고 있는 회사는 조금 더 수평적인 소통이 가능하고, 변화를 위해 다양한 시도를 할 수 있는 환경에 놓여있어서 다행이라는 생각이 들었습니다. 그런데 이런 저의 생각은 곧 바뀔 수밖에 없었습니다. 바로 강연에 참여한 참가자들의 질문과 태도 때문입니다.

"저는 이제 입사한 지 1년이 지난 주니어인데요. 제가 조직문화를 위해 지금 당장 할 수 있는 것은 무엇이 있을까요?"

"저는 평가 담당자인데, 평가제도를 상대평가에서 절대평가로 바꾸려고 고민중이예요. 혹시 이 과정에서 유의사항이 있을까요?"

"저는 팀장인데 구성원들과 일을 할 때 임파워먼트를 하는 것이 쉽지 않습니다. 이런 걱정을 내려놓을 수 있는 방법이 있을까요?"

이와 같이 많은 참가자들이 조직의 변화를 위해 개인의

역할 차원의 질문과 고민을 내놓았습니다. 회사와 경영진을 문제 삼고 그들의 역할을 강요하는 발언을 하거나, 조직 내 시스템과 제도를 핑계삼아 지금의 제약과 한계를 탓하지 않았습니다. 현재 본인이 처해있는 문제와 한계를 인정하고 그 안에서 자신이 어떤 역할을 할 수 있을지, 스스로 어떻게 문제를 해결해야 할지를 고민했지요. 그들이 내놓은 질문들은 자신의 정체성을 문제해결의 주도적인 역할을 할 수 있는 주체자라고 인식할 때 나올 수 있는 질문들이었습니다. 순간 다시 한번 제가 일하는 회사의 구성원들의 모습이 제 머릿속에 떠오릅니다. 조직 안에서 많은 교육과 워크숍을 진행했지만 조직 내 문제들을 자신의 것으로 안고 개인이 변화의 주체자로서 어떠한 역할을 해야 할지를 고민하는 구성원을 만난 경험은 많지 않았습니다. 조직 내에서 독립적인 사유를 통해 문제를 남다르게 정의하고 자신의 사유를 실천으로 옮기기 위한 전략을 지속적으로 고민하고 시도하는 담당자를 만난 경험이 아쉽게도 저에게는 많지 않았습니다. 그래서 따져보면 제가 조직에서 했던 대부분의 조직문화 활동이나 교육이 구성원들의 주체성과 독립성을 살리기 위한 것이 목적이었습니다. 분명 제가 속해있던 조직이 더 개방적이고 유연한 환경에 놓여있는데, A기업의 구성원들이 문제해결에 대해 더 뜨거운 열의와 깊은 고민의 태도를 보입니다. 도대체 이 차이는 어디에 기인하는 걸까요?

:

선진국이라고 해서 모든 국민이

다 선진적이지는 않을 것입니다.

후진국이라고 해서 모든 국민이

다 후진 차원에 있는 것도 아니고요.

다만 문제는 주도적인 역할을 할 수 있는 사람들이

비록 양적으로 적더라도 얼마나 응집력을 가지고 존재하는지

혹은 주도적인 역할을 해야 한다는 자각을 하면서

존재하는지의 여부가 결정적일 것입니다.

이윤추구에서 이웃추구로

여기서 자각적인 활동성은 대부분 시대의식을 포착하고,

포착된 시대 문제를 자신의 문제로 자각한다는 뜻입니다.

이렇게 책임성을 자각한 사람들이 주도하는 사회가 있는 반면,

그런 책임성을 가진 사람들이 응집되지 못하고

분산되어 있거나 책임성 자체가

비교적 취약한 사회가 있을 것입니다.

이것이 바로 선진국과 후진국의 차이라 할 수 있습니다.

<최진석>

:

생각해보니 제가 속했던 조직에서는 주도적인 역할을 할 수 있는 사람들의 응집력이 부족했습니다. 소수의 사람들이 주체적으로 역할을 하고 있었으나 모두 각자의 위치에 존재했을 뿐, 서로가 분산되어 더 큰 시너지를 만들어내지는 못했습니다. 인재육성과 조직문화를 책임지고 있던 저도 개인의 독립성을 끌어올리고 조금 더 자율적인 환경을 만드는데 집중했을 뿐, 다양한 경로로 키워진 독립성이 응집되어 더 큰 힘을 발휘하도록 하는 노력은 부족했던 겁니다. 제가 강연했던 A기업은 비록 조직이 성장하는 과정에 다양한 이슈가 발생하며 어려움을 겪고 있지만 책임을 자각하고 있는 개인들이 모여 더 큰 시너지를 내기 위한 문제 인식을 서로 공유하고 있었습니다.

조직에서 선도력을 만들어내기 위해서는 모순처럼 들리지만 독립적인 사람을 응집시킬 수 있는 힘이 필요합니다. 자기다움을 지켜내고 그것으로 남다른 아이디어를 생산해낼 수 있는 사람을 집단으로 연결시키고 그것으로 더 큰 시너지를 만들어 낼 수 있는 힘이 필요한 겁니다.

∨

진정한 효과형 팔로워처럼 : 팔로워의 유형

조직 안에서 사람들은 누구나 리더이면서 동시에 팔로워의 역할을 수행하고 있습니다. 조직의 수장인 CEO, 사장이라고 하더라도 주주나 고객과의 관계에서는 그 역시 팔로워라고 볼 수 있겠지요.

켈리(Kelly)는 조직 내 팔로워(Follower)의 유형을 두개의 축을 기준으로 5가지로 구분했습니다. 그 중 하나의 축이 바로 독립성입니다. 구성원이 목표를 성취하기 위해 주체적이고 자주적으로 행동하는가를 묻고있는 것이지요. 문제를 끌어안는 책임감으로 자기만의 사유를 통해 새로운 곳으로 이동하려는 선도력을 뜻하는 겁니다. 독립성과 대응하여 축의 다른 한쪽에 위치에 있는 것은 의존성입니다. 특별한 생각없이 리더의 아이디어와 지시를 수용합니다. 자신의 의지와 결단으로 새로운 시도를 하고자 하는 뜻이 없으며 기존의 방식들을 답습합니다.

팔로워 유형 구분의 두번째 축은 적극성입니다. 자발적으로 문제의식을 가지고 계속해서 능동적으로 자신의 역할을 만들어나가는 태도입니다. 적극성에 대응하여 반대되는 개념은 수동성입니다. 최소한의 역할만 수행하며 소극적인 자세로 책임을 회피합니다. 조직 안에서 숨바꼭질 놀이를 하고 있는 구성원들은 필요 이상의 일을 하지 않으며 이러한 수동적인 태도를 보입니다.

그럼 이 두개의 축을 중심으로 구분되는 5가지의 팔로워 유형을 하나씩 살펴볼까요? 설명을 드리기에 앞서 조직 내 구성원들은 각 상황마다 대응과 행동방식이 다를 수 있기 때문에 구성원을 하나의 유형으로 규정하고 판단하는 것은 금물이라는 것을 조심스럽게 말씀드립니다. 다만 이 모델을 통해 먼저 우리 스스로를 돌아보고 '서로 좋은 이웃이 되는 공동체'의 조직을 만들기 위해서는 어떤 자세가 필요할지를 각자가 생각해보면 좋겠습니다.

> **팔로워 유형**

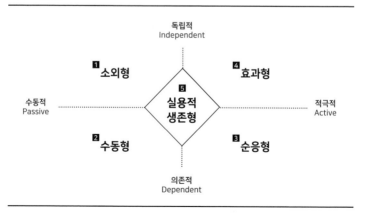

그림에서 **1**번 영역의 유형을 소외형 팔로워라고 부릅니다. 독립적이고 비판적으로 행동하지만 역할 수행에는 소극적인 태도를 보이죠. 조직 내에서 계속해서 문제와 이의를 제기하지만 정작 본인이 직접 행동으로 나서지는 않습니다. 능력은 있지만 조직과 타인에 대해 냉소적이고 비판적 사고는 발달되어 있지만 대안은 제시하지 못합니다.

2번 영역의 유형은 수동형 팔로워입니다. 이 유형의 구성원들은 누군가 시키기 전에 역할을 하지 않고, 소극적이기 때문에 자기주장을 펴지도 않습니다. 주도적이지도 않고 책임감도 없어서 리더를 피하거나 존재감 없이 생활하는 것이 편하다고 생각합니다.

3번 영역의 순응형 팔로워는 적극적인 예스맨 유형입니다. 리더의 뜻에 동조하며 리더가 지시한 업무를 적극적으로 수행합니다. 성실히 따르고 일하지만 독립적인 사고가 부족해 리더의 판단에 의존하죠. 자신이 독자적이고 고유한 아이디어를 생산하고 이를 실제 작동되도록 하는 선도력이 없으니 리더의 권위에 순종하며 그의 견해를 따를 뿐입니다.

■4번 영역의 효과형 팔로워는 스스로 생각하고 행동하는 유형입니다. 자신의 규범과 기준을 바로 세우고 그 동안의 문법과는 다른 방식으로 용기를 발휘하는 독립성을 가지고 있습니다. 비판적인 사고로 자신의 의견을 타당성 있게 내놓고 위험을 감수하며 목표를 위해 헌신합니다.

자기다움을 지키는 것은 본래 자신이 가지고 있던 정체성을 지키는 겁니다. 조직 안에서 다양한 제약과 모순을 끌어안으며 결연하게 자신의 생각과 행동을 선택하면서 대안을 만들어나갑니다.

스스로 의존적이 되길 선택함으로써 자유를 포기하고

자신의 가치를 스스로 낮추는 것이 아니라

주체적인 사유와 힘으로 자신에게 주어진 자유를 제대로 누립니다.

효과형 팔로워는 이렇게 자기다움의 독립성을 유지하며 자신에게 주어진 자유를 통해 조직의 비전을 달성합니다.

5번 영역의 생존형 팔로워는 상황에 따라 자신에게 이익이 되는 방식으로 행동하는 유형입니다. 이 유형의 팔로워가 행동을 선택하는 방식은 철저히 자신의 이익과 생존이기 때문에 매우 정치적인 모습을 보입니다. 시키는 일은 적당하게 수행하면서 결정적인 순간에는 타협과 회피에 능하죠.

아래와 같은 질문에 대해서 함께 생각해보시죠.

지금 우리 조직에는 어떤 유형의 사람이 많나요?

여러분들은 스스로 어떤 사람이라고 생각하시나요?

나와 함께 일하는 동료들은 나를 어떤 사람이라고 생각할까요?

우리 조직에서 성공하기 위해서는 어떤 유형으로 행동해야 할까요?

　　　여러분들이 알고 계시듯 **4**번의 효과형 팔로워가 조직에 필요한 바람직한 팔로워의 유형이지만 실제로 조직 안에서 그처럼 행동하기란 쉽지 않습니다. 조직에 다양한 집단의 압력이 작용하기도 하고 무엇보다 먼저, 효과형 팔로워의 태도가 때로는 리더를 긴장하고 불편하게 만들기도 하기 때문이지요. 독자적으로 사고하고 합리적인 근거를 제시하며 이전과는 다른 창의적인 대안을 제시하는 효과형 팔로워를 어지간히 전문성을 갖추고 있는 리더가 아니라면 부담으로 느낄 수도 있을 겁니다. 때로는 리더의 잘못된 판단이나 행동, 실수가 효과형 팔로워로 인해 드러날지도 모르고요.

진정한 효과형 팔로워는 실제로 언제나 효과형 팔로워처럼 행동하지는 않습니다. 리더와 생각이 같으면 **3**번의 순응형 팔로워처럼 행동하기도 하죠. 리더와 조화를 이루며 적극적으로 리더의 뜻이 실현될 수 있도록 돕습니다. 그 이유는 바로 진정한 효과형 팔로워는 상사가 아니라 가치와 철학을 따르기 때문입니다. 즉, 일을 하는 기준이 상사가 아니라 가치와 철학입니다. 가치와 철학을 달성하기 위해 자신의 역할을 고민하고 확장하며 주체적이고 고유한 사유로 자신이 맞닥뜨리고 있는 문제를 해결해 나갑니다.

선도력은 새로운 가치가 실현되는 꿈에서 나옵니다.

바꾸어 말하면 꿈이 없으면 선도력을 발휘하기가 어렵습니다. 꿈을 꾸고 그 꿈을 현실에서 실현시키기 위해서는 지금과는 다른 시도와 용기가 필요합니다. 익숙한 곳에서 이탈하여 새로운 곳으로 향하는 움직임이 필요한거죠, 이에 대해 최진석 교수는 아래와 같이 이야기합니다.

:

꿈이라는 것은 우리의 '뒤'가 아니라 '앞'에 있는 것입니다.

앞에 있는 것은 기존의 익숙한 문법으로는

명확히 해석되지 못합니다.

그 꿈이 도달하고 이루어지는 그때

새로 형성될 문법에 의해서만 해석될 수 있는 것이죠.

꿈은 있는 문법을 지키는 일이 아니라

새로운 문법을 만드는 일입니다.

꿈을 꾸는 삶이란 바로 '나'로 사는 삶입니다.

자신이 가고자 하는 방향과

자신의 내면적 욕망이 일치하기 때문입니다.

꿈은 나만의 고유한 동력에서 생겨납니다.

대다수가 공유하는 논리나 이성에 의해서가 아니라

나에게만 있는 궁금증과 호기심이

근원적으로 발동해서 생산된 것입니다.

그래서 '나'는 꿈을 꿀 때 비로소 진정한 '나'로 존재합니다.

<최진석>

:

위와 같은 맥락에서 온전한 조직을 만든다는 것은 어쩌면 구성원들이 좋은 꿈을 꿀 수 있게, 그리고 그 꿈을 잘 가꿔나갈 수 있게 하는 것 아닐까요? '완전한 것이 아니라 깨어짐을 불가피한 부분으로 받아들이는 것'이라는 온전함의 뜻처럼 조직의 수많은 모순과 한계에도 불구하고 구성원들이 지금 이순간 자신의 꿈을 위해 움직이고 있다면 그 조직은 온전함을 완성해나가는 과정에 있는 조직이 아닐까 생각합니다. 제가 강연을 했던 A기업처럼 말이지요.

이윤추구에서 이웃추구로

조직이 추구하는 철학과 가치를 누구보다 잘 이해하고 실제 삶으로 증명해내는 리더, 그리고 그 가치에 동의하여 실현시키기 위해 헌신적으로 역할을 다하는 구성원, 그들 사이에 계속해서 공유되고 확인되고 검증되어지는 꿈. 조직의 온전함을 완성해 나간다는 것은 이 세 요인의 균형감 있는 관계를 구축해나가는 것이 아닐까요.

∨

조직 안의 수동성은
어디에서 오는가

조직에서 확인되는 '수동성'에 대해 한번 생각해보겠습니다. 효과형 팔로워에 대응하여 반대쪽에 위치하고 있는 수동형 팔로워의 모습 말이지요. 저는 수동적인 사람이 처음부터 정해져 있다고 생각하지 않습니다. 분명 어떤 상황과 환경적 요인이 영향을 미쳤고, 그로 인해 본인 스스로 수동적인 태도를 선택했다고 생각합니다. 조직 안에서 수동적인 태도는 어디에서 비롯될까요? 효과형 팔로워가 되는 성장의 과정을 방해하는 장애물은 무엇일까요?

스캇펙은 성장에 방해가 되는 가장 큰 요인으로 '게으름'을 꼽습니다. 이때 게으름은 단순한 나태함을 이야기하는 것이 아닙니다. 무조건적인 권위와 압력에 아무런 의문을 제기하지 않고 아무 일도 하지 않는 것을 뜻합니다. 뱀에게 유혹 받아 금지된 선악과를 먹게 된 아담과 이브가 왜 선악과를 먹지 말라고 했는지, 왜 그 약속만은 반드시 지켜야하는지를 따져보지 않은 것처럼 논쟁의 단계를 생략해버리고 분별하지 않으려는 태도를 게으름이라고 스캇펙은 지적합니다.

논쟁을 벌이는 것은 상당한 에너지를 필요로 합니다. 어떤 주제에 대해 옳고 그름을 가르기 위해서는 먼저 본인 스스로 가지고 있는 원칙과 가치가 선명해야 합니다. 그 원칙과 가치가 타인도 수용 가능하고 적용할 수 있는 타당성을 가지고 있는지도 살펴야 합니다. 자신과 타인이 가지고 있는 눈에 보이지 않는 가정을 선명하게 드러내는 이 과정은 상당한 노력과 고통을 수반합니다. 의견 차이로 인한 갈등과 불편함은 논쟁의 과정에서 소모되는 에너지를 더욱 가중시킵니다. 이런 불편함과 고통을 감수할 자신이 없는 게으른 누군가는 적당히 타협하면서 점점 조직 안으로 숨어들어갑니다.

수동형 팔로워가 효과형 팔로워로 변화된다는 것은 어쩌면 굉장히 도전적인 모험일지 모르겠습니다. 스스로에게 솔직해야 하고, 관계를 새로운 시선으로 바라보며 자신을 확장시켜 나가야 하기 때문입니다.

다시 말해 의존적인 상태에서 벗어나 독립적인 상태로 바로 서는 것입니다. 곧, '자신과 타인의 성장을 위해 자신을 확장시켜 나가려는 의지'인 '사랑'을 발현하는 과정입니다.

조직문화를 위한 프로그램을 기획하고 운영할 때도 위와 같은 '사랑'의 관점이 필요하다고 생각합니다.

즉, 구성원들을 수동적이고 의존적인 존재로 바라보는 태도를 경계하고, 자율적으로 자신을 확장시키고자 하는 존재로 바라보는 것이죠.

이전에 제가 근무했던 회사에 입사한 지 얼마 되지 않았을 때의 이야기입니다. 팀장들을 대상으로 리더십 교육 과정을 진행했습니다. 당시 임원들의 역할은 교육 현장에서 참가자들의 태도와 리더십 행동 양식을 관찰하는 것이었습니다. 회사의 리더십 역량 항목에 맞게 관찰 포인트를 정리하여 임원들에게 공유해주었는데, 그 중에 한 임원은 그것으로는 불충분하다며 더욱 구체적이고 상세한 가이드 내용을 제게 요구하였죠. '개방된'인식과 태도라고 한다면 '개방된'의 수준과 정도를 어떻게 관찰하고 판단해야 하는지, '적극적'참여라고 한다면 '적극적'은 또 어느 정도로 이해해야 하는지, 그 수준과 행동양식을 더욱 구체적으로 제시해달라는 이야기였습니다.

교육 참가자들의 리더십 행동 양식을 관찰하고 리더로서 본인의 의견을 제시하여 참가자들에게 리더십 개발의 피드백을 제시해야 하는 입장이기에, 그 임원의 요구가 이해는 되었지만 한편으로는 회사의 문화에 대해 조금 아쉬운 마음이 들었습니다.

왜냐하면, 어떠한 행동 양식에 대해
텍스트로 명시화된 기준과 규정은
일반적으로 조직 내에 해당 내용이
내재화되지 못하고 있다는 반증이기 때문입니다.

일반적으로, 공유된 가치는 조직의 문화로 형성되며 구성원들 간의 업무 방식과 커뮤니케이션에 영향을 미칩니다. 예를

들어 '상호 간의 인사'가 어느 조직 안에서 중요한 가치로 여겨진
다면, 그러한 조직 안에서는 당연히 구성원들이 서로의 얼굴을 마
주칠 때마다 인사를 하는 문화가 형성되어 있겠죠. 물론 인사를
하기 위한 적합한 시간과 방법이라든지, 인사를 하지 않은 사람에
대한 처벌 내용을 정해놓은 규정은 없습니다. 구성원들은 어느 누
가 말을 하지 않아도 지나가는 사람들에게 자연스러운 인사를 건
네며, 이 조직에 처음 입사하게 된 신규 입사자들도 별도의 지시
가 없더라도 곧 기존의 구성원들처럼 인사를 '습관화'하는 사람
이 됩니다.

어느 날, 누군가가 '상호 간의 인사'가 우리 조직에서는
매우 중요하니 이에 대한 상세한 내용을 정해야겠다고 생각했습
니다. 인사를 해야 하는 시간, 직급별 인사 방법, 상황별 인사 방
법, 상황과 대상에 따른 올바른 인사말, 인사에 대한 보상과 처벌
등을 규정화하여 구성원들에게 전달하였죠. 이때, 과연 구성원들

은 어떤 반응을 보일까요? 인사는 어느 순간 관리와 통제의 대상이 되어, 그동안 자연스레 상대방을 향했던 따뜻한 표정과 인사말은 진정성이 사라진 영혼 없는 인사가 될 수도 있을 겁니다. 물론 구성원들은 정해진 규칙과 매뉴얼에 순응하여 성실히 인사를 할 수 있습니다. 하지만 이전과 같은 따뜻함과 반가움을 발견하기는 어려울 것 같습니다.

이처럼, 진정으로 '개방된 인식과 태도'가 널리 퍼져있는 조직에서는 '개방된'의 개념에 대해 [조금 열린 / 보통으로 열려있는 / 아주 많이 열려있는]의 수준이 각각 어느 정도인지 구태여 설명할 필요가 없습니다. 이미 조직에 개방된 인식과 태도가 퍼져있어 내재화되어 있기에 구성원들 간에 개방된 태도라고 이야기를 한다면 자연스럽게 서로의 머릿속에 같은 그림이 연출되죠. 그리고 5점 척도나 7점 척도처럼 정량적으로 가이드를 준다고 하더라도 같은 행동에 대한 수준은 평가자에 따라 다르게 평가될 수

밖에 없습니다. 따라서, 상대방에게 피드백을 줄 때도,

"너는 지금 10점 중에 한 5점 정도만 개방성을 보이고 있는 것 같아. 앞으로 2점을 늘리기 위해서는 이런 이런 행동양식을 보여줄 필요가 있어."

라고 말할 필요가 없습니다. 단지 '현재 당신은 개방된 인식과 의지를 가지고 있는가?'라는 질문을 던지면 본인이 스스로 자각하여 그동안의 행동양식을 수정하고 스스로 다시 방향을 설정할 수 있을 겁니다. 조직은 구성원들의 현재 수준에 집중할 것이 아니라 구성원들이 개방된 인식과 의지를 보이는데 방해가 되는 요인을 찾아 제거하는 일에 집중해야겠지요.

조직 안에서 수동성이 발견되는 것은 스캇펙이 지적한 것처럼 '게으름'의 탓도 있겠지만 조직 안에서 한 개인을 바라보

는 가정과 환경도 그 영향을 미친다고 생각합니다. 환경은 인간을 통제하여 의존적으로 만드는 모든 환경입니다. 사람을 수동적인 존재로 여기는 가정, 압력과 규제로 순응을 발생시키는 환경이 조직 안의 수동성을 강화시키고 있는 것은 아닐까요.

때때로 우리 사회의 조직은 구성원들을 성인으로 여기지 않는 것 같습니다.

성인은 스스로 판단을 할 수 있고
자신의 행동에 대해 책임을 질 줄 아는 존재입니다.
구성원을 성인으로 여긴다는 것은
구성원 개개인의 가치 판단과 행동에 대한 믿음을 갖는 것입니다.
구성원을 믿음으로 대할 때,
그리고 그 구성원이 믿음으로 응답할 때
조직에는 건강한 '문화'가 만들어집니다.

이윤추구에서 이웃추구로

구성원들의 이해와 판단을 돕기 위한 가이드를 제공할 때, 우리는 때때로 이 가이드가 구성원의 자율적이고 창의적인 판단 능력을 침해하는 것은 아닌지, 구성원의 주체성과 자율성을 저하시키는 것은 아닌지 유의해야 합니다. 구성원을 스스로 생각하게 하고, 행동하게 하는 동시에 조직에서 추구하는 가치의 범위를 넘어서지 않게 만드는 것. 이를 잘 분별할 줄 아는 능력이 필요합니다.

∨

동료와의 **대화**에서 **영감** 받은
리더의 유형

팔로워의 유형에 대해 알아보았으니 이번에는 리더의 유형에 대해 알아볼까요? 이번에 설명드릴 리더의 유형은 리더십이나 조직이론을 연구한 유명한 학자가 이야기한 것은 아닙니다. 수년 동안 직장 생활을 하며 제가 겪은 리더들, 동료들과 점심시간에 나눈 상사 뒷담화 이야기들을 떠올려보면서 제가 나름대로 정리해본 모델입니다. 저의 동료B와 나누었던 대화를 소개합니다.

"얼마 전까지만 해도 A님이 그렇게 싫었는데, 희한하게도 최근엔 가끔 A님이 있어서 감사하단 생각이 들더라고. 적어도 내가 하는 일에 이래라 저래라 시시콜콜 간섭하진 않잖아. 무식한데 용감하기까지 한 사람이라면 진짜 피곤했을텐데... 참 다행이지 않아?"

동료 B가 대화 중에 위와 같이 말을 했습니다. 동료 B는 회사에서 꽤 인정받고 있는 핵심인재입니다. 어떤 일이든 적당한 선에서 방어벽을 치는 법이 없고, 이전에 해본 적 없는 일도 깊이 있는 고민과 탐색을 통해 금세 자신의 것으로 만드는 재주가 있죠. 힘들고 어려운 상황에서도 다른 사람에게 내색하지 않고 자신의 역할을 성실하게 수행하며 남 탓하지 않는 성격 탓에 조직 안에서 많은 사람들이 그에 대해 이야기를 할 때면 늘 긍정적인 이야기가 들리곤 합니다.

이런 그가 저와 대화할 때 종종 한숨을 내쉬며 조심스럽게 한탄을 할 때가 있는데, 그때마다 등장하는 단골손님이 바로 'A님'이였습니다. A님은 B가 속해있는 부서의 최고 리더입니다. 가끔 리더 회의에 참여할 때 마다 A님을 보게 되는데 그때마다 A님이 다른 사람들 앞에서 자신의 의견을 주장하는 것은 좀처럼 볼 수 없었습니다. 다른 사람들이 논의하는 것을 지켜보다가 어느 한 방향으로 흘러가면 슬며시 대다수의 의견에 동조하며 회의를 마무리 짓는 것이 A님의 특기였죠. A님이 사장님 방에 보고를 들어가면 구성원들이 며칠간 야근을 해가며 만든 기획 안이 전혀 다른 내용의 기획 안이 되어 나온다는 이야기, 그래서 A님의 적확한 보고를 위해 구성원들이 스크립트까지 써주었다는 이야기도 B와 함께 일하고 있는 다른 동료에게 들은 적이 있습니다.

제가 보기에 B는 A님과 참 많이 다릅니다. 서로 어울리지 않는 식당의 메뉴 같달까요. 라면에는 김치, 짜장면에는 단무지가 최상의 조합일 텐데, B와 A님은 옆에서 보기에도 마치 라면

과 피자, 짜장면과 스시처럼 굉장히 어색하게 어울리며 같은 공
간에서 일을 하고 있었죠.

그래도 '무식한데 용감하기까지 한 사람이 아니여서 다
행'이라는 B의 말에 쓴웃음을 흘리며 빈 종이에 낙서를 하다가 정
신 차려보니 종이에 이렇게 적혀있었습니다.

'무식 VS 똑똑, 용감 VS 소심(비겁)'

이 4가지 요인을 축으로 만들어 리더 유형을 분류하면
어떻게 될까요?

동료의 이야기에 영감(?)을 받아, 제 마음대로 리더의 4
가지 유형을 정리해보았습니다. 각 4가지 요인을 구체적으로 설
명하면 다음과 같습니다.

> 리더의 4가지 유형

용감

태도(Mind-set)

Bully

· 말이 잘 통하지 않아, 제일 상대하기 어려움
· 독단적으로 문제를 해결하는 경향이 강함
· 리더일 경우 :
구성원은 겉으로는 따르는 척하나
속으로는 떠날 생각함

Entrepreneur

· 책임을 지고 문제를 해결
· 목적대로 상황과 환경을 만듦
· 리더일 경우 :
따르는 사람 많음
단, 적도 많을 수 있음

무식 ································ 능력(Knowledge&Skill) ································ 똑똑

Cringe

· 누군가에게 의존함
· 자신의 역할과 책임이 무엇인지 잘 모름
· 자신의 의지와는 상관없이 끌려다님
· 줏대 없이 여기저기 붙어 다님
· 리더일 경우 :
구성원이 대놓고 무시

Jerk

· 기회와 상황을 보면서 여기저기 빠져 다님
· 적당한 거리에서 상황을 주시
· 숟가락 올리기(성과 가로채기)와 빼기(책임회피)에 능함
· 리더일 경우 :
구성원들도 동일하게 적당한 거리에서 리더를 주시,
거래적인 관계가 될 확률이 높음

소심/비겁

용감 : 주체적이고 헌신적인 태도

변화와 혁신에 열려 있습니다. 타인에 대해 개방적이고, 늘 새로운 것을 배우려는 학습태도를 갖추고 있으며 아닌 건 아니라고 말할 수 있습니다.

소심/비겁 : 수동적이고 순응적인 태도

변화와 혁신을 두려워합니다. 자신의 생존에 초점을 맞추며 본인이 가지고 있는 것을 지키려는 태도를 보입니다. 아닌 것이 명백한 데도 모른 척할 수 있습니다.

똑똑 : 문제를 잘 파악하고 해결을 잘 할 수 있는 능력

자신의 분야에 대해 다양한 경험과 노련한 기술을 갖추고 있습니다. 문제를 보는 시각이 예리하고 입체적 사고를 통해 다양한 솔루션을 제시할 수 있는 능력이 있습니다.

무식 : 문제를 잘 파악하지 못해 엉뚱한 해결법을 제시하는 능력

몇 가지 경험으로 현상을 일반화 합니다. 또는 자신의 경험을 토대로 현상을 일반화하며 고집하는 경향이 있습니다. 현상을 단편적으로 바라보기에 하나의 문제에는 하나의 정답이 있다고 생각합니다. 하지만 그 하나의 답 또한 정답이 아닐 확률이 높습니다.

위와 같이 4가지 항목을 정리하고, 각 분면에 해당하는 리더의 특성을 대변할 수 있는 네이밍(Naming)을 생각해보았습니다.

용감 & 똑똑 : Entrepreneur

기업가를 뜻하는 Entrepreneur.

기업조직은 기본적으로 문제해결을 통해 의사결정을 하는 집합체입니다. 본인의 역할 안에서 책임을 지고 문제해결을 해 나가는 것은 기업에서 일하는 모든 구성원들의 의무죠. 이 과정에서 함께 하는 많은 사람들의 공감을 얻을 수 있다면 금상첨화. 목적과 사명으로 용감하게 문제인식을 끌고 나가 모두가 공감하는 방향으로 똑똑한 해결을 하겠다는 의지와 실천이 있다면, 기업가정신(Entrepreneurship)이 있다고 할 수 있을 것 같습니다. 한 왕실을 다시 재건하겠다는 '유비'도, 로마의 모든 노예에게 자유를 선물하겠다는 '스파르타쿠스'도, 인도 민족해방을 이끈 '간디'도, 그들은 위대했지만, 항상 적은 많았고 목숨은 늘 위태로웠습니다.

용감 & 무식 : Bully

깡패라는 뜻을 가지고 있는 Bully.

깡패는 힘이 셉니다. 그런데 조직에서의 깡패는 포지션의 힘에 기인합니다(직급이 깡패). 리더의 영향력 중 '지위에서 오는 힘(Position Power)'은 한 사람이 조직 안에서 합법적으로 행사할 수 있는 막대한 영향력입니다. 업무에 대한 경험과 지식은 없는데 끝까지 자신의 주장을 굽히지 않는 사람. 그럼에도 불구하고 자신의 지위에서 오는 힘을 과시하려고 하고, 자신의 존재감을 드러내고 싶어하는 자를 이길 수 있는 사람은 많지 않습니다.

소심(비겁) & 무식 : Cringe

'(겁이나서)움츠리다'라는 뜻을 가진 Cringe.

여기저기 기웃거리는 소위 '대세에 따르는'자. 아는 것이 없고 용기가 없는 자에게 자신만의 가치와 철학이 있을 리 없고, 자신의 언어가 만들어질 리가 없습니다. 자신의 실력이 들통날까 매번 주변을 살피지만, 이미 그를 제외한 다른 사람들은 모두 알고 있습니다. 그는 누군가 매섭게 손을 한번 들기만 해도 바로 몸을 잔뜩 '움츠릴' 소인배라는 것을 말이죠.

소심(비겁) & 똑똑 : Jerk

'홱 움직이다'라는 뜻을 가진 Jerk.

영어에서 Jerk는 다른 단어의 앞에 붙어 '은밀한 부정'을 뜻하기도 합니다. 적당한 거리에서 상황을 주시하며, 자신의 손익을 계산하는 자. 동작은 매우 민첩하고 재빨라서 어떤 때에는 쥐도 새도 모르게 본인에게 유리한 쪽으로 상황을 만들어 놓습니다. 그는 어쩌면 상처 입은 과거의 Entrepreneur였을지도 모릅니다.

이렇게 재미 삼아 '리더의 4가지 유형 모델'을 만들어놓고 동료 B에게 보여주었습니다. 이 모델을 본 동료 B는 이렇게 말했습니다.

"나는 실은 어쩌면, Jerk라고 착각하는 Cringe일지도 몰라. 내 역할을 성실히 다하는 것처럼 보일지 모르지만, 실은 나도 내가 책임져야 하는 일을 도맡아서 하는 건 싫거든. 후배나 다른 사람이 고민을 털어놓으면 적당한 거리에서 대충 그럴듯한 말을 던지지. 누구와도 불편한 건 싫고 그렇다고 긴밀하게 엮이는 것도 싫으니까 말야. 사실은 늘 필요한 거리를 두는 거야. 안다고 생각하는 것도 실은 모두 내 착각일지 모르지. 내 수준이 드러나는 게 두려운 건가 싶기도 하고."

우리는 지금 어디에 있을까요?

∨

Part 1을 마치며

이윤추구에서
이웃추구로 가는 길에서

조직문화를 고민하다가 종종 '해와 바람'이야기를 생각합니다. 해와 바람이 누가 더 센지 겨루기 위해 지나가는 나그네의 외투를 벗기는 시합을 한, 그 이야기 말이죠.

:

해와 바람은 서로 자기 힘이 세다며 옥신각신하다가

누가 더 힘이 센지 내기하기로 했어요.

이윤추구에서 이웃추구로

길을 가고 있는 나그네의 외투를 먼저 벗기는 쪽이

힘이 센 걸로...

먼저 바람이 나그네를 향해 힘껏 바람을 불었습니다.

그러자 나그네는 외투를 더욱 꼭 잡았습니다.

바람은 이번엔 더욱...

<동화, 해와 바람 中>

133

누구나 알다시피 그 시합의 승자는 해였습니다. 따사로운 햇볕을 계속해서 비추자 더워진 나그네가 외투를 벗게 되었죠. 나그네가 외투를 벗은 것을 조직에서 기대하는 구성원의 행동이나 실천이라고 본다면 '해와 바람' 동화 이야기에서는 바람보다는 해가 구성원의 자발적인 행동을 더 효과적으로 유도했다고 볼 수 있겠습니다.

조직 안에서 해는 언제나 유효할까요? 해가 원하는 결과 (행동)를 이끌어낼 수 있었던 다른 요인은 없었을까요? 바람은 늘 이 승부에서 질 수 밖에 없는 걸까요?

장마철에 간혹 따사로운 해가 비추더라도 사람들은 손에 우산을 들고 다닙니다. 언제 비가 올지 모르기 때문이죠. 따사로운 날씨가 당분간 (적어도 외출하고 있는 시간 동안) 계속될 것이라는 믿음이 있을 때, 사람들은 조금 불편하더라도 입고 있던 외투를 벗고 손에 들고 다닙니다. 사람들이 손에 우산이나 외투를 들고 다니는 약간의 불편함을 감수하는 이유는 그렇게 하지 않았을 때 오는 불편함이 더 크기 때문입니다. 잠깐 우산을 들고 다니는 것보다 갑자기 비가 내릴 때 몸이 비에 젖어 축축해지는 불편함이 더 크고, 잠깐 외투를 들고 다니는 것보다 햇볕 아래서 두꺼운 외투 때문에 더위를 느끼는 불편함이 더 큰 것이지요.

그런데, 사람들이 기꺼이 불편함을 감수할 때가 있습니다.

자신은 비록 불편하지만 그 불편함으로 누군가가 조금 더 편안한 상태가 될 수 있다면 사람들은 불편함을 감수합니다. 노약자나 장애인에게 기꺼이 지하철의 자리를 양보할 때, 나는 비록 작은 집에서 살지만 부모님만큼은 큰 집에 모시고자 할 때, 나는 어제 저녁에 먹고 남은 밥을 먹더라도 우리 아이는 새로 만든 따뜻한 밥과 반찬을 먹이려고 할 때와 같이, 자신의 선택으로 누군가가 조금 더 편안한 상태가 될 수 있다면 사람들은 일상에서 각자의 방식대로 희생을 선택합니다. 그리고 그 누군가가 내가 더욱 아끼는 사람일수록 그 희생은 더욱 커지게 되죠.

만일 나그네 옆에 함께 동행하는

다른 누군가가 있었다면 어땠을까요?

그리고 그 누군가가 나그네가 매우 아끼는 사람이라면요?

세찬 바람이 불어왔을 때, 나그네는 자신의 외투를 얼른 벗어 함께 동행하는 누군가에게 걸쳐주었을 지도 모릅니다. 자신은 괜찮다며 이 정도 추위쯤은 아무것도 아니라며 짐짓 센 척을 했을지도 모르죠.

'해와 바람'이야기에 등장하는 나그네는 한 명입니다. 우리는 조직 안에서 혼자 존재하지 않고 여러 명의 동료와 함께 일하고 있습니다. 공동의 목표를 향해 나와 지금 함께 같은 길을 걷고 있는 동료가 적어도 한 명 이상, 많게는 몇백 명, 몇천 명까지도 있죠. '우리는 해와 같이 따사로운 사람이 되어야 해'라는 것이 지금까지 이 이야기의 교훈이었다면 앞으로는 나그네의 관점에서 한 번 생각해보면 어떨까요?

내가 만일 이야기에 등장하고 있는 나그네라면?

나 혼자 걷고 있는 것이 아니라

내 옆에 다른 동행자가 있다면 나는 어떻게 할 것인가?

바람 앞에서 나는 기꺼이 내 외투를 벗어줄 수 있을 것인가?

이런 질문도 재미있겠네요.

내가 기꺼이 외투를 벗어줄 수 있는 사람은 누구인가?

아무리 그래도 내가 외투를 벗어주기 어려운 사람은 누구인가?

그 이유는 무엇인가?

우리가 걷는 길은 해도 있지만 바람도 있고 소나기도 있고 폭풍도 있습니다. 그리고 그 길엔 대부분 누군가와 함께 있죠. 이웃은 나와 나란히 붙어서 가까이 걷고 있는 사람입니다. 함께 같은 길을 걷고 있더라도 각자의 길을 걸을 때도 있고, 각자의 길을 걸으면서도 어떤 환경에서는 이웃과 함께 걸음을 내딛어야 할 때도 있을 겁니다. 서로가 서로에게 좋은 이웃이 된다는 것은 어쩌면, 각자가 독립적으로 존재할 때와 서로 도움을 주고받으며 기대야 할 때를 분별하는 것에 달려있는지도 모르겠습니다.

'통제된 의존성'은 '진정으로 선택한 것이 아닌 의존성'이라고 정의한 에드워드 데시(Edward L. Deci)의 말을 빌려 표현하자면, 이웃과 좋은 관계를 만드는 비밀은 건강한 의존성과 통제된 의존성을 분별하는 동시에 건강한 의존성과 독립성의 균형과 조화를 추구하는 데에 있지 않을까요?

이윤추구에서 이웃추구로

시선을 바꾸어 바람이 조금만 더 머리를 써서 바람을 불었다면 어땠을까요? 기분 좋은 어느 봄날 오후 같은 바람을 불었다면 그 바람을 마음껏 맞기 위해 지나가는 나그네는 외투를 벗고 두 팔 벌려 바람을 느꼈을지도 모릅니다. 원하는 결과를 얻기 위해 늘 해처럼 뜨거운 햇살을 비추는 것만이 정답은 아닙니다. 그렇다고 동화에서 등장한 바람처럼 엄청나게 강한 바람을 불어서 결과를 얻어내려고 하는 것도 늘 정답은 아니겠죠. 해냐 바람이냐가 중요하지 않습니다. 우리에게 필요한 것은 '나그네와 어떤 관계를 맺고 싶은가?'와 같은 고민입니다. 함께 나란히 걷는 이웃과의 동행과 부드러운 바람에도 나그네는 기꺼이 외투를 벗을 수 있습니다.

2
조직을 넘어

공동체로.

공감하지만 동조하진 않습니다 / 조직문화는 구성원의 존재방식 / 진정한

공동체가 가지고 있는 가정 : 깨어있는 경영과 시너지 / 시너지가 나는 공동체가

되기 위해 필요한 것 / 진정한 공동체의 완성을 위하여 / [Part2를 마치며]

조직을 넘어 공동체로 가는 길에서

∨
온전한 조직을 위한
자기다움

자, 지금까지 이야기 나눈 내용을 한번 정리해볼까요.

먼저 수많은 조직문화 활동과 교육을 진행해도 변화가

잘 일어나지 않는 이유를 설명드렸습니다. 저는 그 이유를 경영

과 기업에 대해 개인과 조직이 가지고 있는 정의에서 찾았죠. 경

영은 곧 가치를 추구하는 것이며 그 목적은 이윤추구가 아닌 이

웃추구입니다. 그래서 조직문화 활동은 '경영의 목적을 이윤추구

에서 이웃추구로 전환하는 과정'입니다. 이와 같은 맥락으로 조

직은 '서로가 좋은 이웃이 되는 공동체'라고 정의할 수 있습니다. 이윤추구에서 이웃추구로의 관점 전환을 위해 필요한 것으로 '사랑'을 이야기했는데요. 스캇펙의 정의를 따르면 사랑은 '분별력'과 관련이 깊습니다. 조직 내 구성원들의 독립성과 주체성을 위해 분별 있게 주고 분별 있게 주지 않는 것이죠. 현명하게 분별하기 위한 기준을 설명하기 위해 조직 내 우상에 대해서도 이야기했고 우상에서 벗어나 자율성을 획득하고 자유를 누리기 위해서 인간으로서 '온전'해져야 함을 말씀드렸습니다. '온전함'은 완전함과는 다르며 원래부터 있었던 그대로 존재한다는 뜻입니다. 프레데릭 라루가 이야기한 조직의 진화 과정을 통해 최근 조직에서 인간의 온전함을 살리는 일이 점점 중요해지고 있음을 알아보았고, 온전함은 곧 자기 본연의 모습대로 존재하는 '자기다움'이라고 설명드렸습니다. 자기다움은 누군가에게 의존하지 않고 독립적으로 사유한다는 뜻입니다. 즉 자기다움은 '독립성'과 관련이 깊습니다. 독립성은 이기적이고 고집스러우며 협업하기 불편한 행동을 보이는 것이 아니라 스스로의 고유한 사유를 통해 조직 안의 다양한 제약과 모순을 끌어안으며 결연하게 자신만의 대안을 만들어나가는 모습으로 이해해야 합니다.

이웃추구를 경영의 목적으로 삼고 서로가 좋은 이웃이 되는 '온전한 조직', 곧 '공동체'가 되기 위해서는 개인이 먼저 온전함을 회복해야 합니다. 온전함을 회복하기 위해서는 조직 내에서 각 구성원들이 스스로 자기답게 존재할 수 있어야 합니다.

그럼 온전한 조직을 만들기 위해
핵심이 되는 개념인 '자기다움'에 대해서
이야기를 나누어보겠습니다.

'자기다움'이란 개념은 실은 브랜드의 관점에서 많이 논의가 되어왔습니다. 많은 사람들이 브랜드의 독특함이나 차별성,

정체성을 이야기할 때 '자기다움'을 말하죠. 먼저 '다움'에 대해 말씀드려보고 싶은데요. 저는 이전에 저의 책 〈그래서, 인터널브랜딩〉에서 '다움'을 설명한 적이 있습니다. 다움과 비슷한 의미를 가지고 있는 '스러움'과 비교하여 둘이 어떤 차이가 있는지를 설명했었죠.

　어떤 '브랜드스럽다'라는 것은 그 브랜드가 아니지만 그 모양이나 성격, 속성이 그 브랜드를 '닮았다'라는 의미입니다. 예를 들어, 어떤 신발을 보고 "어 이거 '뉴발란스'스러운데?" 라고 하면 뉴발란스는 아니지만 비슷하게 생겼다는 뜻이 아닐까요. "스벅 스러운데?" 라는 것은 스타벅스가 추구하는 어떤 스타일이나 성질을 닮아있다는 뜻일 겁니다. 반면, '브랜드답다'는 것은 그 브랜드가 기존에 추구하던 가치와 철학, 이미지에 부합함을 확인하고 인정하는 표현이죠. "이번에 나온 아이폰 제대로 애플다운 것 같다."라고 이야기했다면, 지금까지 애플이 추구하던 디자인의 철학과 가치, 사용자 중심의 혁신과 편의성이 제품에 잘 반영이 되었다는 의미일 겁니다. 그래서, '스러움'은 모방이 가능한 유사성을 이야기하고, 쉽게 따라 할 수 있음을 이야기합니다. 그리고 이러한 속성을 조직 안에서 행동이나 태도 즉 '일하는 방식'으로 이해할 수 있죠. '다움'은 오랜 기간 관찰되어 누적된 대상의 속성과 특징을 이해하고 수용한 후에, 이를 누구나 재확인하고 인정하는 표현입니다. 대상에 대한 기대수준과 자격이 충분하다는 거죠. 따라서 '다움'은 대상에 대한 정체성을 제대로 이해하고 있어야 하므로 조직 안에서 '가치'와 '문화'로 이해할 수 있습니다.

그렇다면, '스러움'은 단번에 눈에 보이는 것(결과), '다움'은 눈에 보이는 것을 나올 수 있게 한 것(본질)이라고 해석하면 어떨까요. 대상의 특정한 속성이나 성질, 모양새가 다른 것을 닮아 있다고 표현하는 '스러움'은 대부분 눈으로 보여지는 것들로 인해 확인됩니다.

조직을 넘어 공동체로

브랜드로 이야기하면 로고나 제품의 형태, 디자인, 메뉴의 구성과 차림새 등으로 쉽게 우리는 '스러움'을 이야기할 수 있죠. 조직 안에서는 사무실 공간, 협업과 의사결정의 절차와 방식, 구성원들이 주로 쓰는 언어와 말투, 행동과 표정 등으로 우리는 특정 조직의 '스러움'을 이야기합니다. (누군가가 '그 조직은 삼성스럽다' 혹은 '구글스럽다'고 했을 때 머릿속에 떠오르는 이미지를 생각해보세요!)

대상의 속성과 특성을 이해, 수용하고 난 이후에 대상으로서의 자격이 충분함을 표현하는 '다움'은 그 대상이 가지고 있는 보이는 것 이면의 가치와 믿음을 재확인합니다.

브랜드로 이야기하면, 심플해진 디자인과 간편해진 기능처럼 눈에 보이는 것을 통해 우리는 그 너머에 있는 '사용자 중심의 혁신'이라는 가치를 확인하며 'OO답다'고 그 가치를 인정하고 재확인해줄 수 있습니다. 몰입감 넘치고 흥미진진하며, 캐

릭터의 움직임과 배경이 리얼한 온라인 게임을 경험하며 그 너머에 있는 '최고의 현실감 제공과 즐거움 선사'라는 가치를 우리는 'OO답다'고 표현하며 치켜세워줄 수 있는 것이구요.

이렇게 해석해보면, 스러움은 눈에 보이는 결과이고 다움은 그 스러움이 나오게끔 할 수 있었던 진짜 본질입니다.

:

'자기다움'은 상품의 '비본질'이

'본질'보다 더 본질다워질 때 완성된다.

예를 들어 어떤 남자가 여자에게 티파니 반지를 주었다면

그 남자는 '청혼'을 한 것일까? '생일 선물'을 준 것일까?

이제 티파니는 귀금속(본질)이 아니라

청혼과 사랑(비본질)의 상징이 되었다.

이처럼 '상품'에 생산자가 '의미'를 부여하고,

조직을 넘어 공동체로

사용자가 그 뜻을 인정하면 '가치'가 생긴다.

그 가치를 여러 사람이 동일하게 체험하고,

이런 현상이 지속하면 상품은 더는

'상품'이 아니라 '상징'이 된다.

<유니타스브랜드>

:

∨

자기다움으로 만드는 조직문화

자기다움은 나만의 고유성, 곧 정체성(Identity)을 뜻합니다. 많은 기업들이 자사의 브랜드를 차별화하기 위해 자기다움을 고민합니다. 가장 자기다운 정체성을 갖는 것이 최고의 차별성이기 때문이죠. 자기다움을 발견하고 살리기 위해 최근에 기업의 마케팅이나 브랜딩 담당자들은 수많은 노력을 기울입니다. 인스타그램이나 페이스북 등 SNS을 활용한 소비자와의 직접적인 커뮤니케이션은 기본이고 유튜브에 채널을 개설하여 주기적으로 브랜드와 관련한 콘텐츠를 제작하고 공유합니다. 일러스트를 활용한 카드 뉴스나 웹툰을 만들기도 하고, 계절, 기념일, 명절, 연휴 등을 고려하여 때마다 소비자들이 직접 참여할 수 있는 재미있는 이벤트를 진행하기도 합니다. 브랜드의 고유한 색깔과 정체성을 끊임없이 표현하여 고객과 더욱 끈끈한 관계를 맺고자 하는 기업들의 노력이 때로는 사회적인 이슈를 만들며 우리가 그동안 관심을 갖지 못한 영역으로 시선을 돌리게끔 합니다. 파타고니아 옷을 입고 프라이탁 가방을 메면서 지구 환경과 재활용품 사용에 조금 더 관심을 갖게 되는 것처럼 말이지요.

기업은 자신의 브랜드를 소비자에게 알리기 위해 다양한 매체와 수단으로 끊임없이 메시지를 던집니다. 우리는 이런 정체성과 가치를 가지고 있다고 계속해서 이야기를 하는 것이죠. 자신의 정체성과 가치를 알리기 위해 고객에게 다양한 경험을 제공합니다. 곧, 고객과 '반가운 이웃의 관계'가 되기 위해 자기다움을 드러내고 수많은 교류를 시도합니다. 기업의 진정성 있는 시도와 노력에 감동한 고객은 본인 스스로 브랜드의 좋은 이웃이 되고자 결심합니다. 누가 시키지 않아도 특정 브랜드를 주변 사람들에게 소개하거나 선물하고 있다면 그 브랜드의 이웃이 되었다고 볼 수 있을 겁니다.

많은 기업은 이렇게 외부 고객과 좋은 관계를 만들고 유지하기 위해 수많은 시간과 비용을 쏟아붓습니다. 그렇다면 내부 고객인 직원들과의 관계는 어떨까요? 외부 고객과 마찬가지로 조직은 구성원들과의 관계 역시 반가운 이웃의 관계로 정의하고 있을까요? 관계 형성을 위해 조직은 충분히 구성원들에게 자기다움을 드러내고 있을까요? 구성원들 역시 조직 안에서 자기다움을 표현하면서 진정한 관계를 맺고 있나요? 누가 시키지 않아도 자신이 속해있는 조직을 주변 사람들에게 소개하고 자랑하고 있나요?

조직을 넘어 공동체로

위의 질문에 대해 쉽게 긍정의 답을 할 수 없다면 우리는 진정성의 문제에 대해 생각해봐야 합니다. 기업과 브랜드의 진정성은 '완전함이 아닌 온전함의 추구'에 달려있습니다. 결핍과 제약, 한계를 받아들이면서 숨기는 것 없이 자신을 보여주고 솔직하게 이야기하는 것입니다. 거짓은 영원히 지속될 수 없고 금방 드러납니다. 진실이 아닌 태도에는 자연스러움이 결여되어 있고, 무엇보다 일관성이 유지될 수 없기 때문입니다.

:

브랜드의 정의는

'나의 것(소유)'에서 시작해 '다른 것(차별화)'이 되었다.

그 후 브랜드의 의미들은 '상표'에서 '상징'으로 변했고

'품질'에서 '품격'으로 변하고 있다.

이 모든 변화의 방향은

'자기다움'으로 다른 것과 '완벽히 다른 것'이 되는 것이다.

'자기다움'이라는 아이덴티티(Identitiy)가 있어야만

일용품(Commodity)을 벗어날 수 있다.

<유니타스브랜드>

:

　자기다움은 상품과 브랜드를 분별하는 기준입니다. 상품이 아무리 눈부시게 화려해도 자기다움이 없다면 그것은 브랜드라고 할 수 없습니다. 자기다움은 '완벽히 다른 것'의 필수 조건이기 때문이죠. 자기다움을 발견해가는 과정에 있어서 거치게 되는 과정은 '모방'입니다. 눈에 보이는 것, 곧 '스러움'을 따라 하는 것이죠. 다른 브랜드의 본질에서 비롯된 겉모양을 흉내 내는 겁니다. 조직문화도 마찬가지입니다. '벤치마킹(Benchmarking)'이라는 이름으로 조직문화를 잘한다는 기업들의 사례를 조사하고 성공 사례로 알려진 제도나 프로그램을 그대로 적용하려고 노력하는 모습을 흔히 볼 수 있습니다. 제도와 프로그램의 운영 방법에 집중할 뿐, 해당 기업에서 가지고 있는 가치, 사람과 조직에 대해 가지고 있는 철학, 구성원들이 가지고 있는 믿음, 사회에 기여하고 싶은 메시지는 찾아보기 어렵습니다. 이렇게 시행되는 제도들은 곧 일용품이 되어 트렌드의 물결에 휩쓸려 어느 새인가 사장(死藏)되고 맙니다. 트렌드가 바뀔 때마다, 리더가 바뀔 때마다 매번 새롭게 도입된 제도로 구성원들의 피로도는 누적되고 조직의 변화에 대한 진정성은 그저 허공의 메아리로 사라집니다. 창조의 과정에서 어느 정도의 모방은 불가피하지만 모방이 계속되면 진정한 관계를 맺기는 어렵습니다.

진정성을 만드는 일은

조직 안에 자기다움을 살리는 일로부터 시작됩니다.

브랜딩은 밖이 아니라 안에서부터 시작됩니다.

구성원들이 조직 안에서 꾸미지 않은 자기 본연의 모습

을 보여줄 수 있어야 합니다. 자신의 고유한 생각을 이야기하는 것에 불편함이 없어야 합니다. 화합과 조화를 내세워 평균적 사고를 강요하는 집단 문화를 벗어나 주체적이고 독립적인 사고로 스스로 의사결정을 할 수 있어야 합니다. 조직 안에서 영혼과 역할이 결합된 삶을 살며 조금 더 온전한 존재로 자신의 모습을 완성시켜 나갈 수 있어야 합니다.

$\vee$

회사가 '우리회사'가
되기 위한 조건

　　조직 안에서 자기다움을 쉽게 발휘하기 어려운 이유는

여러가지가 있을 겁니다. 고압적인 태도의 리더, 통제적인 규율

과 집단의 압력 등 자신이 본래 가지고 있는 모습을 드러내기 어

려운 환경들이 존재하죠. 조직 내에서 자기다움을 드러내는 것을

어렵게 만드는 원인은 조직 안에서 안전감을 느끼지 못하는데 있

습니다. 구성원들이 안전감을 느끼기 어려운 조직에서는 집단에

서 암묵적으로 받아들이고 있는 정의와 가설을 아무런 비판없이

다수가 따라가기 마련입니다. 즉, 기존에 가지고 있는 통념을 맹목적으로 받아들이고 아무도 의심하지 않으며 이의를 제기하지 않습니다. 심지어 통념을 본인의 생각이라고 착각합니다. 사실 많은 경우 그 생각은 본인의 생각이 아닙니다. 에리히 프롬의 주장대로 우리가 결심하는 것의 대다수는 실제 우리의 결심이 아니라 외부에서 암시된 것이기 때문이죠.

사회 생활과 관련하여 우리가 가지고 있는 통념 중 하나는 '회사(학교)는 집이 아니다'입니다. 학교나 회사같은 사회 또는 조직에서는 정해진 책임과 역할이 있고, 규율이 있기 때문에 우리는 가족이나 친구들과 있을 때처럼 똑같이 사고하거나 행동하면 안된다고 누군가로부터 배웁니다. 왜냐하면 사회는 집과 다르기 때문이죠. 아니, 다르다고 강요받기 때문입니다. 생각해보면, '~하지마!', '~안 돼!'라는 말들을 꽤 익숙하게 들으며 살아왔습니다. 학생 때부터 학교에서도, '여기는 학교니까 집이랑은 달라'

라던가 '학생 신분이기 때문에 ~ 해야 해'라는 말들을 여기저기서 자주 들어본 것 같습니다. 결국, 나의 욕구와 감정을 아무 곳에서나 이야기하면 안된다고 생각되었습니다. 왜냐하면 사회는 집이랑은 다른 곳이니까요. 아무데서나 나의 모습을 보여주거나 내 마음대로 이야기를 하면 '버르장머리 없는 아이' 또는 '성숙되지 못한 사람'으로 보여질까봐 때로는 그게 두려웠습니다. 그래서 학교에서, 그리고 직장에서도 너무나 자연스럽게 스스로의 욕구와 감정을 통제하였고 어느 순간에는 해야할 말도, 물어볼 말도 괜히 예의에 어긋나는 것 같아 '침묵'하게 되었죠. 그렇게 인생에서 학교와 집, 회사와 집은 서로 이질적인 다른 곳으로 인식되었고, 점점 그 거리는 멀어져 갔습니다. 하루 중 가장 많은 시간을 보내는 곳이 학교이고 회사이지만, 학교와 회사에서는 내가 가지고 있는 모습 중 반의반 정도만을 꺼내어 놓고, 나머지는 밖으로 나오지 못하도록 꾸역꾸역 안으로 밀어 넣은 후, 집에 돌아오면 그제서야 내 안에 있던 욕구와 감정들을 풀어놓습니다. 삶은 하

나이지만 때로는 하나인 삶 안에서 서로 다른 인생을 사는 착각
을 일으키기도 합니다.

저는 회사 생활이 힘든 가장 큰 이유는 '분열된 자아',
곧 '자기다움의 상실' 때문이라고 생각합니다.

일요일 저녁만 되면 괜히 우울해지고, 불안감이 찾아오
는 이유, 오직 주말과 여름 휴가 만을 꿈꾸며 어딘가로부터의 일
탈을 평생의 소망으로 여기는 사람들의 대부분의 원인은 바로 '
통합되지 못한 분열된 자아' 때문이라고 생각합니다. 하지만 분
열된 자아를 가지고 있는 것은, 지금을 사는 대부분의 현대인들
이 그렇습니다. 저 역시도 매번 자각과 성찰을 거듭하여 어느 환
경에 놓여있던지 동일한 생각과 가치관을 표현하고자 노력하고
있지만, 일요일 저녁에 불현듯 찾아오는 달갑지 않은 허전함은 아
직 어쩔 수가 없습니다.

조직을 넘어 공동체로

만일, 일요일 저녁에 회사에 출근하는 것이 너무나 기다려지고 설레려면 어떻게 해야 할까요? 아니 그 정도까지는 아니더라도, 지금보다는 좀 더 직장 생활이 행복해지려면 무엇이 필요할까요?

1인 가구가 많이 늘어나고 있긴 하지만, 우리가 평소 집을 이야기 할 때에는 부모나 아내같이 가족이 있는 곳을 가리켜 '우리집'이라고 이야기합니다. 설령 그 집의 실제 명의가 부모 이름으로 되어 있다고 하더라도 부모님과 함께 살았던 그 집은 '우리집'인 것 이죠. 생각해보면, 우리가 '집'을 이야기할 때에는 비단 건물이나, 물리적인 공간만을 이야기하는 것은 아닌 것 같습니다.

각자마다 집이 단순한 공간을 넘어 '우리'라는 말을 붙여 '우리집'이 되는 조건은 무엇일까요? 내가 전세, 월세로 살고 있지만, 지금 나와 가족이 있는 그 집을 우리는 왜 '우리집'이라고 표현하는 걸까요?

우리의 마음속에 있는 집이라는 곳은 아마도, '사랑하는 사람이 있는 곳'이라는 의미를 가지고 있기 때문일 겁니다. 나의 피곤한 몸을 이끌고 가서 마음 편히 쉴 수 있는 곳, 하루 종일 예민한 상태로 긴장되어 있던 나의 몸이 아무런 거리낌 없이 늘어질 수 있는 곳, 세상에서 상처받은 나의 영혼이 소중한 위로를 받을 수 있는 곳, 그 곳을 사람들은 '우리집'이라고 부릅니다.

우리집에서는 나는 가장 '나다울' 수 있습니다. 가족이 있기에 우리는 집에서 가장 '자연스러운 나'를 발견할 수 있습니다. 물론 자연스러운 나의 모습 때문에 때로는 갈등도 일어나고, 꾸중이나 잔소리를 들을 때도 있지만 그렇다고 하여 집에서 나의 존재가 부정당하거나 하는 일은 없습니다. 누군가가 이야기 했듯이, 진정한 사랑 앞에서 나는 가장 나다워 질 수 있고 자연스러워 질 수 있습니다. 바로 사랑이 주는 '안전감' 때문이죠. 나의 어떠한 모습이라도 받아들여질 수 있다는 믿음이 있기에, 우리는 집에서 가장 자연스러울 수 있고, 다른 어느 곳 에서보다 더 다양하고 풍성한 모습들을 발견하게 됩니다. '우리집'처럼, 조직이 구성원에게 '안전감'을 줄 수 있다면, 그래서 그 구성원이 어떠한 모습을 보여도 그 조직 공동체 안에서 받아들여 질 수 있다는 믿음이 있다면, 지금 보다 더 행복한 조직 생활을 할 수 있지 않을까요?

우리가 직장에서 행복하지 않은 이유 중 가장 큰 이유는, '자기다운 모습을 보이기가 어렵기 때문'이라고 생각합니다.

사회는 집과는 다르기 때문에, 즉 사회에서는 집과는 다른 규범이 요구되기 때문에 우리는 또 다른 역할의 가면을 쓰고 직장에 출근해 나답지 않게 존재합니다. 물론 조직과 집이 모든 면에서 같을 수는 없습니다. 혈연으로 끈끈하게 엮여있는 가족과 일을 중심으로 다소 느슨하게 얽혀있는 조직 구성원들과의 관계가 같을 수는 없죠. 하지만 제가 지적하고 싶은 것은 외부의 압력으로 인해 자신의 자아를 분열시킬 수밖에 없는 환경입니다. 조직과 집에서의 다름은 역할의 다름이지, 존재의 다름은 아니니까요.

언제든지 자신의 생각과 아이디어를 이야기할 수 있는 분위기와 다른 의견과 생각을 이야기해도 받아들여질 수 있는 문화가 있다면, 구성원은 더욱 안전감을 가지고 그 안에서 자신의 모습을 더욱 풍성하게 보여줄 수 있습니다. 점차적으로 조직 안에서 자신의 모습이 가장 자신답고 자연스럽다고 느낄 때, 회사는 '우리회사'가 되며, 우리회사는 단지 돈벌이의 수단이 아니라, 내가 함께 성장해 나아갈 곳이 됩니다.

조직을 넘어 공동체로

개인생활과 조직생활이 '삶'의 관점에서 하나로 '통합'되고

그 안에서 서로 '연결'될 수 있다면,

우리의 분열된 자아는

다시 차츰차츰 가운데로 모여 균형을 맞추고,

조직 안에서 새로운 가치를 찾을 수 있을 겁니다.

분열된 자아가 어느 순간 균형을 맞추고

차츰 통합을 이루어 나갈 때,

즉 '자기다움'을 회복할 때,

우리는 그 과정을 '성숙'이라고 부릅니다.

개인이 조직 안에서 안전감을 얻고 개인의 감정과 욕구를 인정받으며 '자유'를 얻어 내는 것도, 조직이 개인에게 자유를 부여하고 그 결과로 좋은 '성과'를 창출해 내는 것도, 어쩌면 서로 간의 '성숙'에 달려있는 것인지도 모르겠습니다.

Part2

성숙한 개인은 자기 스스로 규칙을 정하고 스스로 정한 범주 안에서 자유를 누릴 수 있습니다. 성숙한 조직은 개인이 스스로 자유와 통제의 균형을 맞출 수 있도록 가치를 설정하고 공유합니다.

우리가 하루 중 가장 많은 시간을 보내는 곳인 회사에서 보여지는 나의 모습을 부정하거나 회피한다면 그것은 꽤나 힘들고 불행한 일이겠죠. 그리고 그러한 구성원들이 많은 조직은, 조직 내에서 진정한 관계를 형성하기도 어렵고, 다음 리더를 육성하여 지속적인 성장을 이어 나가기도 어려울 것입니다.

구성원이 침묵으로 일관하는 것이 아니라, 개인의 특성과 강점을 살려 언제든 자신의 목소리를 내고, 자유롭게 의견과 아이디어를 낼 수 있다는 '안전감'을 줄 수 있는 조직문화. 그리고 자유와 통제의 균형을 설정하고 범주 안에서 선택의 기회를 누리

는 조직과 구성원의 '성숙함'이 회사를 '우리회사'로 만들기 위한

조건이지 않을까요.

∨

온전한 공동체의 특성

앞서 경영의 목적이 이웃추구라고 했을 때, 조직은 '서로가 좋은 이웃이 되는 공동체'로 정의된다고 말씀드렸습니다. 어느 집단이 단순히 조직이 아니라 '공동체'라고 했을 때 조금 더 구성원들 간의 거리가 가깝게 느껴집니다. 그들만이 가지고 있는 독특한 경험과 정서가 있을 것 같기도 하고, 서로가 조금 더 끈끈한 관계처럼 여겨지죠. 진정한 공동체는 조직과는 다른 요인들이 있습니다. 이 요인들을 알아보면 우리의 분별력을 키워 심리적 안

조직을 넘어 공동체로

전감이 높은 조직문화를 만드는데 도움이 될 것 같습니다.

스캇펙은 공동체라는 말은 '서로 정직하게 소통하는 법을 배운 개인들, 차가운 가면의 이면으로 뚫고 들어가 깊은 관계를 맺을 수 있는 개인들' 과 같은 집단에 한정해서 써야한다고 주장하며 공동체의 의미에 대해 설명했습니다. 스캇펙의 도움을 받아 공동체의 특성을 정리해보겠습니다. 이 내용을 살펴보며 우리 각자가 가지고 있는 분별력을 함께 키워보시죠.

첫째, 공동체는 '전체성'을 가지고 있습니다. 이는 성이나 신조, 정서, 감정 등 모든 영역을 포용하는 것입니다. 삶의 영역이 다른 사람들을 환영하고, 모든 인간의 차이를 받아들입니다. 모든 개성을 격려합니다. 따라서 순응하라는 압력이 없고 사람들 간의 차이를 무시하거나 부정하지도 않습니다. 공동체의 가장 큰 적은 '배타성'인데 상대를 제외시키거나 자신을 소외시키는 것입니다. 배타성은 주로 '자신이 옳음을 증명해야 하는 부담이 있을 때' 발생합니다. '내가 옳고 타인은 틀리다' 라는 믿음이 상대를 특정한 프레임에 가두어 형벌을 주는 일종의 압력을 행사하고, 자신을 집단에 맞지 않는 사람으로 취급하며 스스로를 어려운 상황에 몰아넣습니다.

둘째, 공동체는 '겸손함'을 가지고 있습니다. 전체성을 가지고 있는 공동체에서는 군중심리가 생길 수 없습니다. 개성을 존중하고 다양한 관점을 수용하기에 수많은 다양한 의견들이 제시됩니다. 조직 내 다양성이 존재한다는 것은 의사결정을 위한 많은 준거틀을 가지고 있음을 의미합니다. 이 다양한 준거틀이 현실에 적합한 최적의 의사결정을 찾아가는데 도움을 주죠. 답을 찾아가는 과정에서 인간의 다양성을 자각하면서 구성원들은 서로 상호의존성을 인식하게 됩니다. 자신의 한계와 약한 부분을 받아들이고 서로의 재능을 인정하면서 개인은 물론이고 집단 차원에서 더욱 겸손해집니다.

셋째, 공동체는 끊임없이 '자기성찰'을 합니다. 성찰의 목표는 자기 밖의 세계와 자기 안의 세계, 그리고 둘 사이의 관계를 완전히 자각하는 것입니다. 이런 태도가 겸손함의 전제조건이 됩니다. 공동체라고 해서 계속해서 건강한 상태로 있을 수는 없습니다. 하지만 성찰의 태도를 통해 건강 상태가 나쁘다는 것을 알아채고 적절한 치유책을 강구하며 회복 과정을 찾아 나갑니다.

넷째, 공동체는 '안전'합니다. 이부분이 심리적 안전감과 직접적으로 관련이 있는 부분인데요. 낯선 사람으로 이루어진 집단이 공동체로 성장하려면, 많은 과정을 필요로 하죠. 이 과정에서 중요한 것은 자신의 방어벽을 무너뜨리는 겁니다. 수년간 쌓여온 좌절과 상처, 죄책감과 나약함을 드러내도 존중받고 인정받는다는 것을 알게 되면, 더욱 많이 더욱 솔직하게 나약함을 드러낼 수 있습니다. 그러면 더욱 빠른 속도로 친밀감이 증가하며 상처는 치유되고, 분노는 용서되며, 저항은 극복됩니다. 이렇게 서로를 있는 그대로 수용하는 공동체가 되면 온전한 자기자신으로, 즉 자기다운 모습으로 존재할 수 있는 자유를 느끼게 됩니다.

다섯째, 공동체에서는 품위있게 싸울 수 있습니다. 사실 공동체가 되기 위한 중요한 조건은 '갈등해결'에 달려있습니다. 갈등을 어떻게 다루느냐에 따라 조직은 공동체가 되기도 하고 그저 집단이 되기도 합니다. 진정한 공동체는 배타성을 경계하기에 '편'이 없습니다. 이와 관련해 스캇펙은 공동체를 다음과 같이 설명합니다.

:

공동체란 검투사들이 무기와 갑옷을 내려놓는 원형경기장,

듣기와 이해하기의 기술을 배우는 곳,

조직을 넘어 공동체로

상대방의 재능을 인정하고 한계를 수용하는 곳,

서로의 차이점을 인정하고 상처를 감싸주는 곳,

서로 싸우기보다 함께 투쟁하기로 결단을 내리는 곳이다.

사실상 공동체는 가장 특이한 전투장이다.

공동체가 갈등을 해소하는

효과적인 장소인 이유도 바로 여기에 있다.

<M. Scott Peck>

:

마지막으로, 공동체는 구성원 모두가 인도자인 집단입니다. 공동체에서는 소수의 몇몇이 의사결정을 하지 않습니다. 권위를 완전히 분산시키고 모두가 의사결정 과정에 참여하지요. '사공이 많으면 배가 산으로 간다'라는 속담은 집단의 의사결정이 서툴고 불완전하다는 의미가 아니라, 집단의 의사소통을 못하면 공동체가 될 수 없다는 의미입니다. 공동체에서 구성원 모두가 인도자가 될 수 있는 이유는 공동체의 의사결정과정이 개인이 아니라 '공동체 정신'자체가 이끌어가기 때문입니다. 의사결정 권한을 가지고 있는 소수가 아니라 구성원 모두가 중요하게 생각하는 가치와 철학이 조직을 움직입니다.

> 온전한 공동체의 특성

특성	내용
전체성	삶의 영역이 다른 사람들을 환영하고 모든 차이를 받아들이는 곳
겸손함	자신의 한계와 약한부분을 받아들이고 서로의 재능을 인정하는 곳
자기성찰	자기 밖의 세계와 자기 안의 세계, 그리고 둘 사이의 관계를 완전히 자각하는 곳
안전	자신의 상처와 죄책감, 나약함을 드러내도 존중과 인정을 받는 곳
건강한 갈등해결	서로의 차이점을 인정하고 배타성을 경계하면서 품위 있고 지혜롭게 갈등을 해결하는 곳
구성원 모두가 인도자	모두가 의사결정 과정에 참여하며 개인이 아닌 공동체 정신이 의사결정과정을 이끄는 곳

포용하는 동시에 배타성을 경계하고, 권위를 분산시키는 동시에 정신(가치)을 강조하며, 건강하게 갈등을 관리하면서 조직을 더욱 안전하게 가꾸어 나갑니다. 이렇듯 스캇펙이 이야기하는

조직을 넘어 공동체로

공동체는 함께 나란히 있지 못할 것 같은 개념들이 공존하고 조화를 이룹니다.

세계적인 경영전략가 게리하멜(Gary Hamel)은 일찍이, 미래의 경영이 인터넷이 가지고 있는 속성을 따를 것이라고 예측했습니다. 그게 제시한 인터넷의 속성은 다음과 같습니다.

:

· 누구에게나 발언권이 있다.

· 창의성의 도구가 널리 분산되어 있다.

· 실험하기가 쉽고 값이 싸다.

· 능력이 학력과 직책보다 중요하다.

· 헌신이 자발적이다.

· 권력은 대중의 인정을 받아야 한다.

· 권위는 유동적이다.

· 자연스러운 위계질서만이 존재한다.

· 공동체는 스스로 규정한다. 개인은 풍부한 정보를 갖는다.

· 모든 것이 분산되어 있다.

· 아이디어는 동등한 입장에서 경쟁한다.

· 구매자와 판매자가 서로 찾기 쉽다.

· 자원을 자유롭게 기회를 좇는다.

· 의사결정은 동료의 판단에 따른다.

:

　　그가 위와 같이 예측을 한 것이 2008년입니다. 어떤가요? 스캇펙이 이야기한 공동체의 특성과 그 내용이 상당 부분 일치하고 있지 않나요? 애자일과 린의 개념이 조직문화 차원에서 화두가 되기도 전에 서로 다른 영역에 있는 두 학자가 경영과 조직에 대해 각자의 언어로 동일한 주장을 하고 있다는 사실이 흥미롭습니다.

∨

'기업 조직은 공동체가 되기 어렵다'는 생각이 든다면

두 학자들이 제시한 내용을 살펴보면 앞으로의 조직은 공동의 목표를 위해 집단을 이루는 차원을 넘어 특정한 가치를 중심으로 구성원들 사이에 깊은 관계가 형성되어 있는 공동체로 진화되지 않을까 싶습니다. 실제로 조직은 지금까지 그렇게 발전해왔습니다. 프레데릭 라루가 이야기한대로 리더의 막강한 권위가 중요시되는 조직에서 구성원들의 온전성이 중요시되는 조직으로 말이지요.

'조직이 공동체로 진화될 것이다'라는 이야기에 어떤 분들은 '과연 그게 가능하기나 한 것인가?', '공동체는 기업 조직보다는 종교단체나 가족 범주안에서나 가능한 이야기 아닌가?'라고 생각하실지도 모르겠습니다.

'기업 조직은 진정한 공동체가 되기 어렵다'라는 생각은 어디에서부터 온 것일까요?

기업은 이윤을 추구하는 집단이라는 그 동안 숱하게 듣고 당연하게 여겨왔던 가정 때문일까요? 본연의 역할과 의무를 배신하고 결국 자신만의 이익을 추구하는 인간의 이기심 때문일까요? 아니면 급변하는 환경에서도 영원히 변하지 않을 수 있는 철학과 가치의 부재 때문일까요?

이 모든 것이 진정한 공동체를 만들어가는 과정을 어렵

게 만드는 요소이지만 한 가지 원인만 꼽자면 저는 인간의 '분리된 상태' 때문이라고 생각합니다. 이와 관련해 에리히 프롬의 이야기에 함께 귀를 기울여보시죠.

:

분리는 정녕 모든 불안의 원천이다.

분리되어 있다는 것은 내가 인간적 힘을 사용할 능력을

상실한 채 단절되어 있다는 뜻이다.

그러므로 분리되어 있는 것은 무력하다는 것,

세계를 적극적으로 파악하지 못한다는 것을 의미한다.

분리되어 있다는 것은 나의 반응 능력 이상으로

세계가 나를 침범할 수 있다는 것을 의미한다.

따라서 분리는 격렬한 불안의 원천이다.

<Erich Fromm>

:

아카데미 시상식 4관왕의 주인공인 자랑스러운 한국 영화 '기생충'은 우리 사회의 분리된 모습을 그립니다. 부자는 눈부신 햇살이 비추고 넓은 정원이 있는 공간에, 빈자는 하루에 잠깐 동안 겨우 한 움큼의 햇살이 비치는 반지하 공간에 거주하며 서로 완벽하게 분리되어 있죠. 영화의 관객들은 거주의 분리 뿐만 아니라 폭우로 인해 참담하게 물이 차오른 지하방과 폭우에도 끄덕없는 부잣집 아이의 인디언 텐트를 보며 소유의 분리를, '반지하 냄새'가 '지하철에서 나는 냄새'로 불려지는 장면에서는 사회 계급의 분리를 느꼈을 겁니다. 영화는 둘 사이의 경계를 넘나들며 우리 사회에 존재하는 보이지 않는 선을 보여줍니다. (물론 반지하 밑의 지하를 들추며 또 다른 경계를 보여주기도 하죠)

앞서서 파커 J. 파머의 말을 빌어 온전함을 설명하면서, 분리된 삶은 자신이 드러나지 않도록 감추는 행위를 일삼으며 조직 안에 기생하고 있는 삶임을 지적했습니다. 영혼과 역할이 분리되어 맡은 일에 온 힘을 다하지 않고 다른 이들을 희생시키며 진실을 숨긴 채 이득을 얻으려고 하는 모습이죠. 영화 기생충에 서 그리고 있는 주인공들의 모습이 흡사 이와 비슷하지 않나요?

거주와 계급의 분리는 차치하더라도, 가장 큰 문제는 '존재의 분리'입니다.

가진 자와 못 가진 자로서 서로 다르게 존재하고 있다는 뜻이 아니라, 그들 각자가 자기 자신으로부터 분리되어 있다는 겁 니다. 영화에서 주인공들은 모두 자신이 잘 살기 위해서는 누군가 의 일부가 되어야만 한다고 생각하죠. 누군가의 일부가 되기 위해 서는 자신의 자아를 분리시키게 됩니다. 영화에서 친구로부터 과 외 자리를 부탁받은 사수생은 명문대생이 되었고, 그의 여동생은 유학파 엘리트가 되었으며, 그의 부모는 각각 젠틀하고 교양있는 기사와 가정부가 되었죠. 그렇게 자신을 버리고 타인이 된 그들은 서서히 불안에 빠집니다. 영화에서는 남의 집에서 뻔뻔하게 파티까지 벌이는 주인공 가족들이 어떤 사건으로 진실을 마주하면서 점차 불안과 위기에 빠지게 되죠. 이와 같이 분리된 삶은 자기자신으로 존재하지 못하는 삶입니다.

타인에게 종속되어 자신을 잃어버린

분리된 삶의 상태에서는 늘 불안이 함께합니다.

그 불안은 진짜 자신이 드러나는 것에 대한 두려움이죠.

분리 상태가 심각해지면 타인이나 사회가

나를 수용해줄 수 있을지와 같은 염려의 차원을 넘어

본인 스스로도 자기 자신을 수용하기 어려운 지경이 됩니다.

에리히 프롬은 인간이 분리된 상태로 살아가게 된 원인을 자본주의 사회에서 갖는 '평등'의 의미에서 찾기도 합니다.

조직을 넘어 공동체로

:

현대 자본주의 사회에서 평등의 의미는 달라졌다.

이 사회에서 평등이라는 말은 자동 인형의 평등,

개성을 상실한 인간들의 평등을 말한다.

오늘날 평등은 일체성보다는 오히려 동일성을 의미한다.

(중략)

모두 동일한 명령에 복종하면서도 각기 자신의

욕망에 따르고 있다는 확신을 갖게 하는 것이다.

현대의 대량 생산이 상품의 규격화를 요구하는 것처럼

사회적 과정은 인간의 표준화를 요구하고

이러한 표준화를 '평등'이라고 한다.

<Erich Fromm>

:

우리 사회에서 중요하게 여겨지는 가치 중 하나인 평등

이 인간의 자기다움을 상실시킴으로써 분리된 개인과 사회를 생산해냈다는 것이죠. 모든 사람이 비슷한 생각을 하고 비슷한 행동을 하는 인간의 표준화는 어쩌면 평등의 횡포이자 잔행의 부산물일지도 모릅니다. 에리히 프롬의 말처럼 우리는 순응주의자가 되었지만 스스로 의지를 가진 개인이라는 착각 속에서 삽니다.

만일 '기업 조직은 공동체가 되기 어렵다'는 생각이 든다면, 그것은 아마도 우리가 지금까지 겪어온 조직 안에서는 역할에 따라 나를 분리할 수밖에 없었기 때문 아닐까요? 타인이 요구하는 기대에 부응하기 위해 자기다움을 드러내기 보다 버릴 수밖에 없었기 때문은 아닐까요? 혹은 평등이라는 이름으로 동일한 사고와 행동을 요구받고 그것이 나의 의지인 것처럼 착각하고 있었던 것은 아니었을까요?

∨

같은 회사 사람들이랑
이야기하기 싫다면

얼마 전에 외부의 한 세미나에 참석했습니다. 다음과 같은 주제를 가지고 세미나 참가자들과 토론을 하게 되었죠.

조직 안에서 학습이 잘 이루어지지 않는 이유는 무엇일까?

조직 안에서 왜 자발적인 학습 모임이 지속되기가 어려울까?

이유와 원인으로 여러 가지 이야기들이 나왔지만 많은 이들이 공감한 것은 정말 안타까우면서도 단순한 명제였습니다.

'같은 회사 사람들이랑 이야기하기가 싫다.'

예를 들어, 독서 토론을 한다고 했을 때 밖에 나가서 다른 분야의 사람들을 만나 이야기 나누고 싶지, 그걸 굳이 회사 사람들이랑 하고 싶지 않다는 겁니다. 함께 일하는 사람이 나에 대해 편견을 가지거나 오해하게 되는 것이 싫어서 회사에서 내 이야기를 오픈하는 게 부담스럽다는 말이었죠.

생각해보면 같은 회사에서 일하고 있는 사람들끼리 이야기를 나누는 주제는 그리 넓은 편이 아닙니다. 제한된 범위 내에서 한정된 주제로 이야기를 나누고 어떤 사람들과는 제한된 범위의 이야기조차 나누지 않습니다. 평소 우리는 내 주위의 동료를 잘 알고 있다고 생각하지만 따져보면 그를 제대로 알고 있다고 하기 어려운 경우가 많습니다. 그가 평소 메일이나 보고서를 쓸 때 자주 사용하는 단어들, 회의할 때 종종 보이는 습관이나 행동들을 알고 있을 뿐, 최근에 그의 관심사는 무엇이고, 인생 영화는 무엇이었으며, 남편 혹은 아내와는 어떻게 만났고, 인생에서 가장 기뻤던 일이나 슬펐던 일은 무엇이었는지 등을 알고 있는 경우는 별로 없습니다.

　조직 안에서 보여지는 상대방의 단편적인 부분만을 보고 그를 잘 알고 있다고 오해하고 있는 것이지, 실은 우리는 그에 대해 십분의 일, 아니 어쩌면 백분의 일 조차 아는 것이 없을지도 모릅니다. 그럼에도 불구하고, 우리는 조직 내 사람들과 더 많은 이야기를 나누기를 어려워합니다. 동네에서 종종 마주치는 옆집 사는 아저씨와는 이런저런 이야기를 나눌 수 있을지언정 (심지어 그 아저씨가 어느 회사 임원이건 말건 그건 전혀 상관없죠) 회사에 내 옆에 있는 아저씨랑은 이야기하기 싫은 겁니다.

신뢰로운 사람들과의 특징은 스스럼없이
업무에서 벗어난 일상의 소소한 이야기들을 나눕니다.

다이슨 청소기를 써봤더니 성능이 어떻고, 이번에 우리 애가 어떤 학원에 들어갔는데 선생님이 어쩌구 저쩌구... 이런 것들 말이죠. 상대방에게 나에 대한 어떤 이야기를 해도 수용이 되고 나에 대해 괜한 편견과 선입견을 갖지 않으니 자연스럽게 이런저런 이야기들을 꺼내어 낼 수 있습니다.

관계에 있어서 열린 마음은 상대방에게 어떤 말을 해도 나의 존재감이 안전하게 지켜줄 수 있다는 믿음에서 비롯됩니다.

즉. 개방성은 상대방에 대한 나의 심리적 안전감에 기인합니다.

크고 작은 일상을 소재로 이야기를 나눌 수 있으려면 심리적 안전감이 있어야 합니다. 상대방에게 나의 부족한 점이나 취약점을 드러내도 그게 전혀 문제 될 것이 없다는 믿음, 그 믿음이 우리의 마음을 열고 관계에서 누군가를 수다쟁이로 만드는 중요한 요인이라고 생각합니다.

회사 안에서 사람들과의 대화의 주제가 더 이상 확장이 되지 않고 좀 더 일상적이고 사적인 대화를 나누는 것이 낯설거나 어렵고 불편하다면 어쩌면 이런 심리적 안전감이 부족하기 때문이 아닐까요? 조직에서 구성원들의 자발적인 학습이 일어나려면, 조직 안에서 구성원 각자의 자기다움이 수용되고 받아들여지는 문화를 만드는 것이 먼저일지 모릅니다. 조직 전체 차원에서 어렵다면 함께 특정한 활동이나 학습을 함께하는 커뮤니티 안에서만이라도 각자의 취향이나 기호, 생각과 경험이 존중되어야 합니다.

대부분 배움의 본질은 실패와 시행착오입니다. 실패와 실수가 받아들여지고 누군가의 시행착오가 또 다른 누군가의 배움으로 연결될 수 있다는 믿음. 이 믿음 속에서 사람은 더욱 자기다워질 수 있고 함께 성장할 수 있습니다.

:

자아감은 스스로를 나의 경험, 나의 사고, 나의 감정,

나의 결정, 나의 판단, 나의 행위의

주체로 느끼는 데에서 탄생한다.

그러자면 나의 경험이 실제로 나 자신의 체험이지

소외된 체험이 아니어야 한다는 조건이 필요하다.

사물은 자아가 없다.

사물이 되어버린 인간은 자아를 소유할 수 없다.

<Erich Fromm>

:

에리히 프롬의 말대로 자기다움은 철저하게 내 고유의
사고와 판단, 행위와 체험에서 탄생합니다. 조직 내에서 이러한 자기다움이 제대로 발현되기 위해서는 자기다움의 과정에서 개인이 소외감을 경험하지 않아야 합니다. 즉, 독립적으로 사유하고 결정하며 행동하는 과정이 조직에서 불편한 것으로 받아들여지지 않아야 합니다. 다시 강조하지만 여기서 말하는 자기다움이나 독립성은 자기 마음대로 하고 싶은 대로 하는 것이 아닙니다. 자기 자신을 명료하게 이해하는 것이고, 자신의 고유성을 지키는 것이며 주체적으로 현상을 바라보는 것이고 자발적으로 행동하는 것입니다. 본래 인간이 가지고 있던 자유의지를 회복하는 것. 그것이 자기다움의 과정입니다.

∨

심리적 안전감은 어떻게 만들어지는가 : 조직문화 사이클(Cycle)

조직 안에서 자기다움을 만들기 위한 개방성은 심리적 안전감에 기인한다고 말씀드렸는데요. 그렇다면 심리적 안전감은 어떤 경로를 통해 만들어지는 걸까요?

일상에서 평소 친구와 만나서 대화하고, 새로운 모임에 가서 각자가 적응해가는 장면을 머릿속으로 한 번 떠올려보세요. 친구를 만나면 우리는 가벼운 일상의 소재로 대화를 나눕니다. 최근에 자주 보는 TV프로그램이나 연예인 이야기, 예전 남자친구나 여자친구 이야기, 지난주에 갔던 맛집, 휴가 때 계획하고 있는 여행, 육아에 도움이 되는 최신 아이템, 나를 열받게 하는 상사 등 이야기의 소재는 우리의 삶 곳곳에서 발견되지요.

대화를 통해 서로의 생각과 경험을 나누면서 우리는 상대방 또는 그룹 안의 분위기를 인지합니다. 사람이 가지고 있는 고유의 분위기는 다양하지만, 대화 장면에서 느껴지는 상대방 또는 그룹의 분위기는 서로 주고받는 '정보와 감정의 교환'에 영향을 줍니다. 정보와 감정의 교환은 크게 보면 두 가지 차원으로 볼 수 있습니다. '숨긴다'와 '노출한다'로 말이지요.

즉, 정보의 교환은 '여기서는(당신에게는) 굳이 이야기하지 않는다 VS 꼭 필요하지 않아도 이야기한다'와 같은 두 가지 차원으로 볼 수 있고, 감정의 교환은 '여기서는(당신에게는) 내 감정을 굳이 드러내지 않는다 VS 내 감정을 편안하게 드러낸다'의 두 가지 차원으로 구분할 수 있습니다.

개인 또는 그룹에서 느껴지는 분위기는
특정한 정서를 만들고,
이것이 심리적 안전감 또는 불안감을 만듭니다.

친구가 잠깐 화장실에 간다고 자리를 비운 사이, 그 자리에 함께 있던 다른 이들이 기다렸다는 듯 그 친구를 험담한다면 그 모임에서 자신을 오픈하고 개방적인 이야기를 나누기는 어렵겠죠. 나의 어떤 이야기가 그들의 도마에 오를지 모르기 때문입니다.

드라마 [동백꽃 필 무렵]에서 동백이는 매번 본인을 주시하며 사사건건 트집을 잡고 이상한 루머를 만들어내는 동네 사람들이 무서워, 마음에 있던 용식이와의 만남도 수차례 거부했습니다. 하지만 계속해서 본인을 믿어주고 지지하고 응원해주는 용식이의 일관된 사랑에 결국 마음을 열어 '평생의 내 편'을 만들게 되죠. 조직문화가 만들어지는 과정도 친구와의 우정이나 사랑이 만들어지는 이와 같은 과정과 크게 다르지 않다고 생각합니다.

특정 개인이나 집단으로부터 느껴지는 정서는 그 사람에 대한 믿음(가정)을 형성합니다.

'그 친구를 오랜만에 만났지만 마치 어제 만난 것처럼 이야기가 끊이지 않고 계속 대화를 나눌 수 있었어, 참 신기하더라!'
'왠지 그 모임은 내 이야기를 하기가 망설여져. 너무 깊게 이야기 하지 말고 적당한 선에서 말을 끊는 게 낫겠어.'

위와 같은 상반된 태도는 개인이나 조직에 가지고 있는

가정에 근거합니다. 그 가정이 우리의 태도를 개방적으로 만들거나 혹은 더욱 방어적으로 만들죠.

위와 같은 생각을 근거로, 조직문화가 형성되는 과정을 표현해본다면 이와 같이 될 수 있지 않을까요.

> [1] 신뢰의 고리 (The Cycle of Trust)

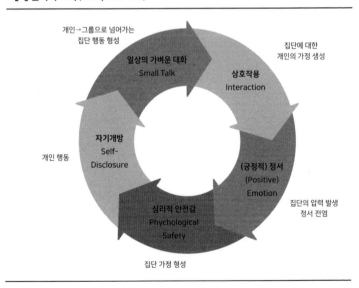

1. 일상의 가벼운 대화 (Small Talk)

일상의 가벼운 소재로 서로 간의 유대감과 친밀감을 위해 나누는 대화

2. 상호작용 (Interaction)

서로의 생각과 경험을 공유하며 영향을 주고받는 과정

3. 정서 (Emotion)

그룹에서 개인이 느끼는 특유의 느낌과 분위기

4. 심리적 안전감 (Psychological Safety)

그룹 안에서 어떤 말을 해도 나에게 불이익이 없고, 관계가 손상되지 않을 것이라는 믿음

5. 자기개방 (Self-Disclosure)

있는 그대로의 자기 자신을 솔직하게 표현하는 태도

Part2

:

월요일 점심시간, 팀원들에게 A가 주말에 본 영화에 대해서 이야기
합니다.

"주말에 넷플릭스로 영화를 한 편 보았는데 말야. 진짜 반전이 기가
막혀. 어쩌구 저쩌꾸..."

그 말을 B가 이어받습니다.

"어? 그거 저도 전에 봤어요. 그런데 그 영화 다 좋은데 남자 주연배
우 캐스팅이 좀 아쉽더라고요."

이 말을 들은 C가 다시 대꾸합니다.

"그래? 난 그 배우 좋던데. 그 배우가 전에 찍었던 ○○○라는 영화

있거든. 그거 한번 봐봐. 어쩌면 생각이 달라질걸?"

어제 새로 입사한 D가 이와 같이 팀원들이 서로 영화를 주제로 대화를 주거니 받거니 하는 장면을 보면서 생각합니다.

'아, 여기는 팀원들끼리 이런 소소한 이야기들도 굉장히 편안하게 나누는구나.'

자연스럽게 D역시 자신이 최근에 흥미롭게 본 영화에 대해 이야기를 하기 시작합니다. 영화에서 시작된 대화는 영화에서 등장한 남녀배우 이야기를 하다가 자연스럽게 각자의 이상형에 대한 이야기로 넘어갑니다.

:

조직 안에 형성된 긍정적인 정서와 심리적 안전감은, 조직 안의 개인에게도 쉽게 개방적인 태도를 취할 수 있게 만듭니다. 자기개방 상태인 개인이 많이 모여있는 조직은 새로운 구성원이 들어왔을 때에 그 구성원 또한 어떠한 이야기를 해도 조직 안에서 받아들여질 수 있을 것이라는 안전감을 갖게 하고 동일하게 개방적인 상태를 유지할 가능성이 높습니다.

> [2] 불신의 고리 (The Cycle of Distrust)

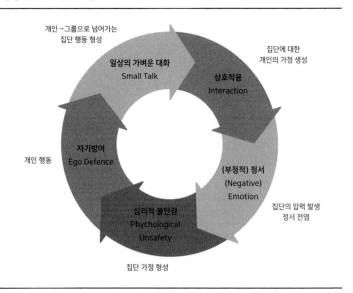

조직을 넘어 공동체로

1. 일상의 가벼운 대화 (Small Talk)

일상의 가벼운 소재로 서로 간의 유대감과 친밀감을 위해 나누는 대화

2. 상호작용 (Interaction)

서로의 생각과 경험을 공유하며 영향을 주고받는 과정

3. 정서 (Emotion)

그룹에서 개인이 느끼는 특유의 느낌과 분위기

4. 심리적 불안감 (Psychological Unsafety)

그룹 안에서 특정한 말과 행동이 자신에게 불이익과 피해로 돌아올 수 있다는 믿음

5. 자기방어 (Ego Defense)

자신을 보호하기 위해 상대방과 거리를 두거나 스스로를 속이는 태도

:

"다들 주말에 뭐했나?"

월요일 주간 회의 시간, 팀장A가 팀원들에게 이렇게 묻습니다. 가벼운 대화로 분위기를 조금 느슨하게 만들어보려는 의도이지요.

다들 묵묵부답, 몇 초간 정적이 흐릅니다. 멋쩍어진 팀장A가 먼저 이야기합니다.

"나는 이번 주말이 큰 애가 생일이어서 근처에 ○○레스토랑에 갔다 왔는데 꽤 분위기와 맛이 괜찮더구만. 다들 한번 나중에 기회있음 가보도록 해요. B과장은 주말에 별일 없었나?"

갑작스러운 A의 질문에 B는 당황하며 답변합니다.

"네 저는 뭐... 별로... 특별한 건 없었습니다."

조직을 넘어 공동체로

"음... 그렇구만. 그럼 C대리는? C대리부터 돌아가면서 한번 이야 기해볼까?"

마찬가지로 당황한 C가 짧게 주말에 있었던 일을 이야기하는 동 안 다들 골똘히 자기만의 생각에 잠깁니다. 이 광경을 지켜본 입사 한지 얼마되지 않은 D역시 자기 순서가 돌아오자 짧게 이야기를 마 칩니다.

"저도 뭐... 특별한 건 없었고... 그냥 먼 친척 결혼식이 있어서 다녀 왔네요."

팀원들 대부분 특별한 일이 없었거나, 친척이나 지인 결혼식에 다녀 왔다는 이야기. 오늘도 회의는 2시간을 넘길 것 같습니다.

:

조직 안에 형성된 부정적인 정서와 심리적 불안감은, 조직 안의 개인에게 방어적인 태도를 취하게 만듭니다. 자기방어 상태인 개인이 많이 모여있는 조직은 새로운 구성원이 들어왔을 때에 그 구성원 또한 특정한 말과 행동이 자신에게 불이익이나 피해로 돌아올 수 있다는 믿음을 갖게 하고 동일하게 방어적인 상태를 유지할 가능성이 높죠.

위의 조직문화 사이클 모델은 슈나이더(Schneider)가 이야기한 ASA모델(유인, Attraction - 선발, Selection - 이탈, Attrition)과도 그 맥락을 같이 합니다. 어떤 조직에 들어오고자 하는 사람들은 그 조직의 특정한 색깔에 이끌려 지원하게 되고, 조직을 대표하는 면접관들은 조직의 색과 잘 부합하는 사람을 선발하게 되며, 조직 안에 들어와서 사회화되는 과정 속에서 조직의 색과 잘 맞지 않는 사람들은 시간이 지나면서 조직을 떠나게 된다는 것이죠. 결국 시간이 지나도 조직이 같은 색상을 유지하면서 동질성을 지키고, 더욱 강한 조직문화를 갖게 되는 겁니다.

조직을 넘어 공동체로

우리 조직의 구성원들은

지금 어떤 대화를 어떻게 나누고 있을까요?

그들은 대화 속에서 어떤 집단의 정서를 느끼고 있을까요?

그리고 현재 우리 조직은 동백이를 어떻게 여기고 있나요?

우리 안에서 동백 꽃은 결국 필 수 있을까요?

아니면 지게 될까요?

∨

공감하지만
동조하진 않습니다

조직 안에 심리적 안전감이 필요하다는 것은 이제 조직 문화 담당자들이 꽤 많이 알고 있는 것 같습니다. 구글이나 넷플릭스처럼 소위 잘 나간다는 회사들이 중요하게 여기는 '솔직함'이나 '극단적 투명성'이 화두가 되면서, '아닌 건 아니라고 이야기하는 용기' 라던가 '모두를 위한 단호함' 같은 태도를 어떻게 하면 조직의 습관으로 만들 수 있을까, 이러한 태도를 만들기 위해 어떻게 조직 안에 심리적 안전감을 조성할 수 있을까와 같은 고

조직을 넘어 공동체로

민들을 많은 조직문화 담당자들이 시작하게 되었습니다. 최근에 조직문화를 다루는 책이나 아티클에서 심리적 안전감은 여러 번 등장했고, 다양한 세미나와 컨퍼런스에서도 활발하게 논의가 되기도 했지요.

조직 안에서 심리적 안전감을 조성하기 위해 많은 시도를 합니다. 실패를 실패가 아닌 배움으로 여긴다는 시그널을 만들기 위해 실패 사례를 찾아 포상하기도 하고, 사소한 아이디어라도 제안하기만 하면 실행 비용을 지원해주는 제도를 운영하기도 합니다. 최근 많은 조직들이 하고 있는 호칭 변경이나 근무 복장 자율화도 조직 내 위계에 따른 경직성과 압박감을 벗어나 심리적 안전감이 있는 조직문화를 만들고자 하는 노력으로 볼 수 있습니다.

이러한 많은 노력에도 불구하고 조직 안에서 심리적 안

전감을 만들기는 쉽지 않은 것 같습니다. 저는 그 원인을 대부분의 조직들이 '조직에서 자신이 어떠한 의견을 제시해도 불이익을 받지 않을 것이라는 믿음'이라는 심리적 안전감의 정의에만 치중했기 때문이라고 생각합니다.

심리적 안전감이
'개인이 불이익을 받지 않는다'에 방점이 찍히면
조직은 개인 차원의 보호에만 신경을 쓰게 됩니다.

심리적 안전감을 지킨다는 명목으로 개인에게 불안감을 줄 수 있는 많은 요인들을 차단합니다. 문제는 성장과 발전을 위한 건강한 갈등까지 차단되는 겁니다. 개인의 고유한 생각과 사고에 공감을 표현하는 것은 중요합니다. 하지만 개인의 고유한 생각에 '공감'하는 것과 '동조'하는 것은 다른 문제죠. 그래서 우리에게 필요한 것은 '분별력'입니다. 개인차원에서 공감할 것과 조직 차원에서 수용가능한 것을 구별하는 능력입니다.

    개인 차원의 공감과 조직 차원의 수용에 대해 깊게 고민하게 된 사건이 제게도 있었습니다. 회사에서 핵심가치(Core Values) TF팀을 리딩하면서 팀 단위의 조직문화 워크숍 프로그램을 진행했는데요. 어느날, 현업의 A팀장이 저희 프로그램에 적극적으로 참여하고 싶다는 뜻을 전달해주었습니다. 하지만 아쉽게도 상위 본부장의 의사결정, 해당 본부와 다른 프로젝트 일정 등으로 인해 그가 원하는 타이밍에 프로그램 지원을 하지 못하고 일정이 연기된 적이 있었죠. 그로 인해 중간에서 커뮤니케이션 하던 저희 TF멤버가 A팀장의 기분이 상했다고 이야기하며 자신의 입장이 난처해졌으니 제게 전화 통화로 상황을 해결해달라고 요청을 하였습니다. 그래서 일단 A팀장에게 전화 통화로 상황을 이야기하며 양해를 구했죠. 그 일로 요청부서와 더욱 효과적으로 일정을 조율할 수 있는 방법을 고민하게 되었고, 며칠이 지나 TF 멤버들과 회의를 하게 되었습니다.

당시의 상황에 대해 이야기를 나누며 저는, '그분이 기분이 상한 게 중요한 게 아니고...'라며 앞으로 우리가 어떻게 프로그램 일정을 조율하고 커뮤니케이션을 해야 할지를 이야기 나누려고 했죠. 그런데 그 순간, 중간에 커뮤니케이션을 담당하던 멤버가 제게 이렇게 이야기를 했습니다.

"차장님, 그렇게 말씀하시면 안 되죠. 그건 아닌 것 같아요. 그분이 적극적으로 우리 프로그램에 동참해주시려고 한 건데, 당연히 섭섭함을 느낄 수 있잖아요. 거기에 공감을 해주셔야죠! 그 팀장님은 지금 단단히 삐쳐있단 말이에요."

그 말에 여러가지 이야기를 덧붙이고 싶었지만 그러지 않고 추가적인 몇 가지만 나누고 대화를 마쳤습니다.

조직을 넘어 공동체로

동조하지 않는다고 해서 공감하지 않는다는 것은 아닙니다. 어떤 사람이 현재 삐쳐 있고, 토라져 있다고 해서 그 감정에 따라 그 사람을 대하고 반응하는 것이 오히려 그 사람을 성숙한 사람으로 여기지 않는 것이 아닐까요. 성숙한 사람은 자신의 감정을 스스로 들여다볼 줄 알고 함께 살아가는 주변 사람들을 위해 그 감정을 제대로 조절할 줄 아는 사람이기 때문입니다. 그가 스스로 자신의 행동을 고민하고 성찰하며 스스로 감정을 조절하여 다시 그가 조직에서 해야 할 역할과 책임을 제대로 수행할 줄 알게 될 것이라는 믿음이 제게는 있습니다. 누군가는 궁색한 변명이라고 이야기할 수 있겠으나, 진실로 저에게는 사람에 대한 위와 같은 믿음이 있기 때문에 조직에서 함께 일하는 동료를 어린아이로 여기고 싶지 않습니다.

만일 어떤 이가 자신의 감정에 따라 행동하고 그로 인해 주변 사람들이 불편해지고 함께 해야 할 일과 역할에까지 그 영

향을 미친다면, 우리는 그의 감정에 동조할 것이 아니라, 역할과

책임, 그리고 이슈에 대해서 진솔한 피드백을 주고, 분명하게 짚

고 넘어가야 한다고 생각합니다.

"당신의 감정에 공감해요, 이 문제 상황에 대해 우리 진솔하게 논

의하고 향후에 함께 더 잘해보기로 해요."

위와 같은 태도가 그의 감정에 공감하면서도 그가 조직

에서 가지고 있는 역할과 책임에 대한 존중이 아닐까요. 아직은

잘 모르겠습니다. 조직 내에서 개인의 감정이 어디까지 수용되어

야 하는지 말이죠. 조직 안에서는 기대했던 일이 되지 않는다거

나, 다 만들어놓은 일이 없던 일로 되어버린다거나 처음에 이야

기했던 것과는 완전히 다른 양상으로 틀어져 버리는 일이 생각보

다 매우 많습니다. 이런 상황이 되면 사람들마다 대응의 방식이

다른데, 아쉽게도 상황을 정면으로 맞닥뜨려서 문제를 수면 위로

올리고 발전적인 해결방안을 모색하고 각자의 역할을 고민하는 논의로 이어지는 일은 생각보다 적은 것 같습니다.

특히 어려운 일일수록, 관찰하고, 대화하고, 토론하고, 주도하기 보다는 분노하고, 부정하고, 회피하고, 밀어내기가 훨씬 쉬운 일일지도 모르죠. 물론 전자가 아니라, 후자처럼 행동하게 되면 조직 내의 문제는 전혀 해결되지 않고 구성원들의 감정의 골은 깊어지고 조직문화는 저해되고 맙니다.

우리가 진정으로 조직 안에서 누군가의 감정에 공감하고 그의 역할과 책임을 존중한다면, 우리는 끊임없이 대화하고 토론하며 논의해야 합니다. 처음엔 불편하며, 다소 시간이 오래 걸리고, 어쩔 때는 '이게 과연 해결이 될 수 있는 문제인가'라는 생각이 들 수 있겠지만, 그러한 시간을 갖지 않을 때 오는 더 큰 문제는 개인의 부정적인 감정이 조직 전체로 옮겨가는 겁니다.

아직은 잘 모르겠습니다. 조직 내에서 개인의 감정이 어디까지 수용되어야 하는지를요. 하지만 이것 하나는 알 것 같습니다. 함께 일하는 사람 사이에서 서로를 어떻게 생각해야 하는지는요.

그도, 그리고 나도 우리는 모두 성숙한 사람입니다.

아니 적어도,

성숙을 향해 오늘 하루도 치열하게 고민하는 어른입니다.

∨

조직문화는
구성원의 존재방식

〈그래서, 인터널브랜딩〉에서 저는 조직문화가 형성되는 과정을 '경험-믿음-행동-결과'라는 과정으로 설명했습니다. 조직 안에서 맞닥뜨리게 되는 경험이 개인에게 특정한 믿음을 만들고 그 믿음이 본인의 행동을 결정합니다. 그리고 각자의 행동은 어떠한 결과를 만들게 되는데 그 결과는 절대 개인 차원에서 그치지 않고 또 다시 누군가의 경험으로 연결됩니다. 이 과정이 반복되면서 조직에는 고유한 정서와 문화가 만들어지죠. 조직 안에서 '누가 시키지 않았는데 왠지 OOO해야 할 것 같은 의무감'이 드는 집단의 압력도 이러한 과정으로 설명할 수 있는데요. 반복되는 경험으로 발생한 특정한 믿음이 집단 내에 동일한 행동을 유도했고 이로 인해 만들어진 결과가 또 다른 조직 내 구성원에게 영향을 발휘함으로써 생긴 것으로 볼 수 있습니다.

사실 조직문화가 형성되는 과정에서 경험에 영향을 주는 하나의 요소가 더 있습니다. 바로 '조직에서 사람들은 어떻게 존재하고 있는가(Way of being)'에 대한 것입니다. 이는 에드거 샤인(Edgar H. Schein)이 조직문화의 핵심 부분이라고 이야기한 조직에 대해 가지고 있는 근본 가정(Assumption)에서 비롯됩니다.

한 가지 이야기를 들려드리겠습니다. 이전에 근무했던 회사에서 저의 주요한 업무 중 하나는 교육 과정을 만들고 그에 필요한 좋은 콘텐츠를 찾는 일입니다. 교육의 목적에 가장 적합한 콘텐츠를 찾기 위해 여러 자료를 참고하지만 최근에는 유튜브가 많은 도움이 됩니다. 유튜브에 공유되어 있는 다양한 영상을 보고 좋은 강사님을 섭외하기도 하고 교육과정 설계에 도움이 될 만한 책을 추천받기도 하며 교육 중간에 참가자분들과 공유할만한 유익한 영상을 발견하기도 합니다. 그날도 어김없이 교육과정에 필요한 콘텐츠를 찾기 위해 사무실에서 열심히 유튜브를 뒤적거리고 있었죠. 그런데 그 다음날 본부장님께서 저를 호출하셨습니다.

"최차장, 혹시 어제 자리에서 동영상 보고 있었나? 옆 부서의 A 팀장이 나한테 와서 자네 얘기를 하더라고. 근무시간 중에 최차장이 계속 영상 보고 있더라고. 물론 업무 일로 봤을 거야. 난 자네를 믿지만 아직 우리 회사 사람들은 업무 시간에 영상보는 걸 잘 이해하진 못할 거야. 이런 말 한다고 너무 섭섭해 생각하지 말고... 그냥 사람들이 이렇게 이해하고 있다는 것만 알고 있으면 좋겠네."

본부장님의 이 말씀을 듣고 저는 적잖이 당황했습니다. 전에 다니던 회사에서는 이런 일을 경험해본 적이 없었거든요. 업무 시간에 이어폰을 끼고 영상을 보는 것, 회사 카페에 앉아 잠시 차를 한잔하며 책을 보고 있는 것들에 대해서 어느 누구에게도 부정적인 피드백을 받아본 적은 없었습니다. 오히려 다른 방식으로 일을 하고 있는 것으로 이해되었죠. 물론 A팀장이 자신의 생각과 의견을 제게 직접 이야기하지 않고 제 상사에게 이야기한 것도 놀라웠습니다.

시간이 지나 교육과 조직문화 일을 수행하며 A팀장이 그렇게 생각할 수 밖에 없었던 이유를 알 수 있었습니다. 그 이유는 조직이 가지고 있는 가정 중의 하나가 '사무실에서는 무엇이든 계속 하는 것을 보여줘야 하고 오래 앉아있는 것이 성실한 것이다.'

였기 때문이었습니다. 이런 가정이 조직에 전반적으로 퍼지게 된 배경은 과거의 굉장히 권위적인 리더에 대한 경험 때문이었습니다. 모든 직원들의 출퇴근 기록을 체크하고 자신에게 보고를 하러 들어오는 순서를 따지는 등 예전의 CEO는 10년 이상 매사에 직원들을 감시하면서 강압적인 영향력을 행사했습니다. 이 경험이 구성원들의 일하는 방식에 중대한 영향을 미쳤고 CEO가 변경되고 수년이 지났음에도 과거에 가지고 있던 집단의 트라우마는 여전히 존재하고 있었습니다.

앞서 설명한대로 조직 안에서 개인은
주체적으로 존재하는 것처럼 보이지만
실은 많은 경우 조직에 종속되어
의존적으로 존재합니다.

누구 혹은 어딘가에 종속되었을 때 개인은 자기다운 독

립적 사고를 하는 것이 아니라 집단이 가지고 있는 가정에 영향을 받아 집단의 평균적 사고를 하기 쉽습니다. 집단의 사고에 따르지 않으면 분리되어 있다고 느끼니까요. 즉 분리에 따른 소외감을 느끼는 것이 두려워 쉽게 조직에 동조합니다. 하지만 그 결과는 오히려 개인의 분리를 초래합니다. 제게 직접적으로 자신의 의견을 제시하지 못하고 상사에게 고해바친 A팀장이 이런 상태 아니었을까요?

이후에도 저는 사무실에서 일관성 있게 유튜브를 시청했습니다. 그리고 제가 발견한 콘텐츠들을 활용해 교육 과정 안에서 조직 안의 암묵적 가정을 수면위로 끌어올리는 작업들을 지속적으로 이어갔습니다. A팀장과도 많은 협업과 커뮤니케이션 과정을 통해 서로가 어떤 배경과 생각을 가지고 있고, 어떻게 일을 하는 사람인지 더욱 구체적으로 알 수 있었습니다. 다행히 위와 같은 일이 있고 3년이 지나자 제가 회사에서 이어폰을 꽂고 영상을 보는 것에 대해서 어느 누구도 이상하게 보는 사람은 없더라고요.

어떻게 보면 조직문화 활동은 조직 안의 가정을 수정해 나가는 과정이 아닐까 생각합니다. 가정에서 비롯된 사람들의 조직 내 존재방식을 이전과는 다른 차원으로 바꾸어나가는 과정이 조직문화 활동 아닐까요? 존재방식을 바꾼다는 것이 너무 거창해 보이고 심오해 보이기도 하지만 실은 우리 모두는 매일 조금씩 다르게 존재한다고 생각합니다. 일년 전 오늘 나의 모습과 지금 나의 모습을 비교해보면 꽤 많이 다르지 않나요? 매일 똑같은 일상을 살아가는 것 같지만 조금 더 들여다보면 많은 사람들과 영향을 주고받으며 조금씩 하루하루 다른 경험이 축적됩니다. 빈약했던 생각이 조금 더 채워지고 확장되죠. 우리 모두는 관계적 존재고, 어느 누구도 혼자 존재하는 개인은 없습니다. 수많은 관계 속에서 사람은 성장하고 변화합니다.

∨

진정한 공동체가 가지고 있는 가정 :
깨어있는 경영과 시너지

조직이 공동체가 되기 위해서는 무엇보다 구성원들이 조직 안에서 자기답게 존재할 수 있어야합니다.

조직이 온전해지기 위해 개인의 자기다움을 회복시켜야 한다면, 일터는 '자기의 존재가 완성되는 곳'으로 정의되어야 합니다.

'완전하지 않고 부족한 개인들이 모여 각자의 역할 안에

조직을 넘어 공동체로

서 존재의 완성을 위해 함께 일을 하며 부단히 노력하는 곳'이 일터의 개념으로 자리잡아야 하죠. 이런 공동체는 어떤 가정을 가지고 있고 사람들은 어떻게 존재하고 있을까요? 진정한 공동체가 가지고 있는 가정을 안다면 자기다움을 넘어 '우리다움'의 조직을 만들기 위한 좋은 힌트를 얻을 수 있을 것 같습니다.

많은 분들이 매슬로(Abraham H. Maslow)의 욕구 단계 이론을 기억하실 겁니다. 교과서에서 본 세모난 피라미드 모양의 도형을 기억하시죠? 그 맨 꼭대기에 있는 것이 자아실현의 욕구였습니다. 이 이론으로 대다수의 분들이 매슬로를 욕구 전문가(?)로 알고 계실 텐데, 사실 그는 인간의 행동과 조직의 상호작용을 깊이 있게 연구한 학자입니다. 인간이 어떻게 하면 자신의 잠재성을 발현할 수 있는지, 그리고 그 인간성을 최대로 발휘한 조직은 어떻게 만들어지는지를 연구했죠. 매슬로는 '깨어 있는 경영'을 위해 필요한 가정들을 제시했는데요. 깨어 있는 경영이란 조직 내 모든 구성원들이 도구로서 여겨지는 수동적인 조력자가 아니라 주체적인 주동자로서 존재하며 조직을 운영하는 경영 방식을 뜻합니다. 매슬로가 제시한 깨어 있는 경영을 위한 가정 중 주요한 몇 가지를 소개 드립니다.

:

1. 깨어 있는 경영에서는 모든 사람들이 특정한 상황과 관련한 모든 것에 대해 정보를 제공받는다고 가정합니다.

2. 깨어 있는 경영에서는 직원들이 모두 성취하고자 하는 충동을 지니고 있다고 가정합니다. 즉, 훌륭한 일처리 능력을 선호하고, 시간 낭비나 비효율을 싫어하며, 좋은 일을 하고 싶어한다고 가정합니다.

3. 깨어 있는 경영에서는 권위주의나 지배-복종의 위계서열이 없다고 가정합니다.

4. 깨어 있는 경영에서는 모든 사람들이 지닌 최우선의 경영목표가 같으며, 조직 내 직급이 무엇이든 자신을 그 목표와 동일시할 것이

라고 가정합니다.

5. 깨어 있는 경영에서는 모든 구성원 사이에 경쟁심이나 질투보다는 선의가 존재한다고 가정합니다.

6. 깨어 있는 경영에서는 자신의 아이디어를 실행할 자유가 있고, 성장할 자유, 여러 가지 일을 시도해볼 자유, 각종 실험과 시행착오를 겪을 자유 등이 있다고 가정합니다.

7. 깨어 있는 경영에서는 적의(敵意)를 무엇에 대한 일차적인 반응으로 보지 성격의 밑바탕에 깔린 것으로 보지 않습니다. 즉, 적의가 표출되는 것은 나름대로 선하고 객관적인 이유, 현실적인 이유들이 있으며 적의를 악하기보다는 가치있는 것으로 여깁니다. 따라서 적의를 분출하지 못하도록 막거나 억눌러서는 안 된다고 가정합니다.

8. 깨어 있는 경영에서는 주변 상황을 개선시키고 벽에 비뚤게 걸린 그림을 똑바로 걸어놓고, 지저분한 것을 깨끗이 치우고, 물건을 제자리에 정리하고, 물건을 더 잘 만들고, 일을 더 잘하려는 성향이 사람들에게 있다고 가정합니다.

9. 깨어 있는 경영에서는 기쁨과 지루함을 겪으면서 성장한다고 가정합니다. 다시 말해 아이들의 성장과 유사한 성장이 매우 바람직하다는 겁니다.

10. 깨어 있는 경영에서는 사람들이 무언가의 한 부분, 물건이나 도구, 연장, 또는 단순한 일손으로 취급받기 보다는 하나의 온전한 사람으로 취급받고 싶어 한다는 점을 가정합니다.

11. 깨어 있는 경영에서는 개성, 독특함, 정체성을 선호한다고 가정합니다. 이름 모르는 존재나, 다른 사람에 의해 언제든 대체될 수 있는 존재가 되는 것과는 정반대입니다.

12. 깨어 있는 경영에서는 이제까지 열거한 긍정적 경영에 대해 방어와 성장의 변증법이 나타남을 가정해야 합니다. 즉, 우리가 인간 본성의 긍정적 성향에 대해 논의할 때는 언제나 그에 반대되는 성향 역시 존재함을 가정해야 합니다.

※매슬로는 깨어 있는 경영의 가정을 총 36가지로 제시하였지만, 여기서는

조직을 넘어 공동체로

'온전한 조직, 곧 자기의 존재가 완성되는 공동체'와 직접적으로 관련된 12
가지만 소개해드립니다.

:

12번의 가정에서 확인되는 것처럼 깨어 있는 경영에서
도 조직의 완벽함을 가정하고 있지는 않습니다. 7번처럼 조직 내
존재하는 적의도 인정합니다. 단, 그것을 5번처럼 선한 목적을 가
지고 있는 것으로 바라보고 성숙하게 갈등을 해결해 나갑니다. 스
캇펙이 이야기 한 것처럼 공동체가 갈등을 해소하는 효과적인 장
소가 되어주는 것이죠. 조직은 완전함이 아닌 온전함을 향해 나
아갑니다.

주체적이고 능동적인 자세와 고유한 사유로

새로운 시도와 도전을 하는 개인과

이러한 구성원의 성장을 바탕으로

새로운 장르를 개척해나가는 선도력 있는 조직.

이러한 조직이 추구하는 경영이 깨어 있는 경영이며,

이러한 조직이 추구하며 가꾸어 나가는 정체성은 공동체입니다.

매슬로는 위와 같은 가정들을 제시하면서
조직 안의 '시너지'를 매우 중요한 개념으로 설명합니다.

깨어 있는 경영의 환경 안에서는 구성원들이 각자 자신을 위해 한 행동과 결정이 자연스럽게 다른 사람들에게도 도움이 되는 결과로 나타난다고 합니다. 즉, 이기적인 행동이 이타적인 결과로 연결되고, 이타적인 행동이 다시 스스로에게 도움이 되는 결과로 나타납니다. 매슬로는 이렇게 '이기심과 이타심 사이의 이분법이 허물어지는 것'을 '시너지'로 정의했습니다. 깨어 있는 경영을 위한 가정은 모두 시너지 효과가 최대한으로 발휘될 수 있는 상태를 지향하고 있습니다.

조직을 넘어 공동체로

:

(시너지를 낼 때에는)

차별성을 부여하는 온갖 기준이 사라지고,

두 사람이 동일화되어 기능적인 차원에서 하나의 단위가 된다.

사실 이런 일은 아주 흔하다.

우리는 부부를 마치 한 사람처럼

대하는 법을 배우고는 하지 않은가.

그때는 부부 중 어느 한 쪽에게 가하는 모욕이 된다.

이는 사랑을 그럴듯하게 정의할 때도 일어나는 일이다.

따로따로 떨어져 있던 욕구 두 개가

하나로 합쳐져 한 덩이가 된다.

아니면 타인의 행복이 나를 행복하게 할 때

사랑이 존재한다고도 할 수 있다.

혹은 타인이 자기실현하는 모습이 마치 내 일처럼 즐겁다거나,

'타인'이니 '나 자신'이니 하는 말 사이에

경계가 사라져버렸을 때도 사랑이 존재한다고 할 수 있다.

이는 공동 재산에 대해서는 '타인'이나 '나'라는 말 대신

'우리'라는 말을 사용하는 것과 같은 이치이다.

<Abraham H. Maslow>

:

매슬로는 마치 '사랑'처럼 시너지를 따로따로 떨어져 있는 두 개체가 하나로 되는 것으로 정의했습니다. 연인이 부부가 되었을 때 내 것, 네 것을 구분하지 않는 것처럼 말이죠. 시너지는 경계가 사라지고 함께 존재하는 상태입니다.

앞에서 이야기를 드린, 어려운 상황 속에서 뜨거운 열의로 문제해결을 고민했던 A기업의 구성원들이 기억나시나요? 제가 근무했던 회사의 구성원들과 A기업 구성원들이 문제해결의 태도에 있어서 차이를 보였던 한 끗 차이는 바로 '시너지'였습니다. 제가 조직에서 간과했던 것이 각자의 독립성을 응집하여 더 큰 힘을 발휘하도록 하는 것이었는데, 그 힘이 바로 시너지입니다.

매슬로는 그 사람만이 할 수 있는 가장 독특한 기여가 그 사람이 할 수 있는 최선의 기여라고 이야기합니다. 그리고 공동체는 개인이 가진 재능과 능력을 제대로 인식한 후 자신의 고유한 정체성을 내놓을 수 있는 공동의 장이 되어야 한다고 설명하죠. 그런 환경에서 개인이 이기적이 되는 것은 조직과 사회의 발전을 위해 궁극적으로 할 수 있는 가장 이타적인 일이 된다고 주장했습니다.

자기다움으로 고유의 정체성을 지키며 독립적으로 사고하고 행동하는 개인들이 어떻게 시너지를 발휘할 수 있을까요? 얼핏 보면 모순처럼 보이기도 하고 궤변처럼 느껴지기도 합니다.

오랫동안 우리는 이분법적 사고를 의심 없이 받아들여왔습니다.

좋은 것 아니면 나쁜 것, 수용 아니면 거절, 해야 하는 것과 해서

는 안되는 것, 강한 것과 약한 것, 장점과 단점... 인간이 분리된 상

태로 존재할 수밖에 없는 것은 어쩌면 이런 이분법적 사고에 너무

나 오랫동안 길들여져왔기 때문일지도 모르겠습니다.

독립적으로 사유하기 위해 중요한 것은

이러한 사고의 경계를 늘리고 확대하는 것입니다.

자신이 환경에 영향을 줄 수 있는 주체자이며

스스로 선택할 수 있는 능동적 존재라는 것,

그리고 자신에게 가장 적합한 선택을 할 수 있는

의지적 존재라는 것을 받아들여야 합니다.

이러한 진실을 받아들였을 때

우리는 효과적인 대안을 제시할 수 있습니다.

지혜로운 분별력도 실은

'사고의 경계가 얼마나 높고 깊게 형성되어 있는가'에 달려있습니다.

조직을 넘어 공동체로

조금 더 우리가 가지고 있는 사고의 경계를 살피면서 〈개인주의자 선언〉의 저자 문유석 작가가 설명한 다음의 내용을 함께 보시죠.

：

합리적 개인주의자는

인간은 필연적으로 사회를 이루어 살 수밖에 없고,

그것이 개인의 행복 추구에 필수적임을 이해한다.

그렇기에 사회에는 공정한 규칙이 필요하고,

자신의 자유가 일정 부분 제약될 수 있음을 수긍하고,

더 나아가 다른 입장의 사람들과 타협할 줄 알며,

개인의 힘만으로는 바꿀 수 없는 문제를 해결하기 위해

타인들과 연대한다.

개인주의, 합리주의, 사회의식이 균형을 이룬 사회가 바로

합리적 개인주의자들의 사회다.

〈문유석〉

：

조직 내에서 개인의 자기다움이 발현되는 모습은 위와 같은 합리적 개인주의자의 모습에 가깝습니다. 개인이 먼저 독립적으로 서서 자신의 책임을 기꺼이 끌어안습니다. 자신의 자유와 사회의 규칙을 분별하며 조화로운 삶을 추구합니다. 계속해서 자기다움을 추구하며 방해가 되는 제약요인, 곧 조직 내에 분리를 유발시키는 문제를 해결하기 위해 고군분투합니다. 이러한 모습의 조직 내 개인주의자는 자신의 자유를 획득하려는 이기적인 목적으로 공동체가 맞닥뜨리고 있는 문제를 해결하는 이타적인 결과를 낳으며 공동의 목표와 스스로의 목적을 동시에 달성합니다. 나를 위하는 것에서부터 나오는 '우리'가 강하다는 것은 바로 이런 맥락에서 나온 의미 아닐까요?

조직을 넘어 공동체로

:

나를 위하는 것에서부터 나오는

'우리'가 진정 강하다는 거예요.

우리가 정해 놓은 것을 각자에게 지키게 하는 것이 아니라,

각자가 개별적으로 지키는 것들의 통합으로 만들어진 우리,

이것이 강하다는 거예요.

<최진석>

:

∨

시너지가 나는 공동체가 되기 위해 필요한 것

조직 내에서 독립성을 추구하는 사람이 계속해서 갖게 되는 질문은 '나는 과연 나답게 존재하고 있는가? 내가 원하는 바람직한 나의 모습과 일치하고 있는가?' 입니다. 조직 내에서 독립적이고 적극적인 모습을 보이는 효과적 팔로워의 특성을 가지고 있는 구성원들이 조직을 이탈하는 이유는 대부분 '조직 내에서 나의 온전한 모습을 갖지 못하는 것이 고통스럽기 때문'이라고 생각합니다. 자아가 분리된 모습으로 존재할 수밖에 없는 조직을 벗어나 자신을 조금 더 잘 드러낼 수 있는 환경을 갖추고 있는 다른 조직을 찾거나, 본인이 직접 조직을 꾸리기도 하죠. 그래서 어떤 스타트업 창업가는 스타트업 경영의 의미를 '자기다움을 찾는 또 다른 과정'으로 표현했나 봅니다.

나를 위하는 것에서부터 나오는

강한 우리를 만들기 위해

필요한 요인들은 어떤 것들이 있을까요?

다시 말해, 개인의 자기다움을 응집시켜

조직의 시너지로 만들기 위해서는 무엇이 필요할까요?

저는 위의 질문에 대한 답을 세 가지로 말씀드리고자 합니다.

첫째는 전통적인 피라미드 조직 구조를 과감하게 무너뜨려야 합니다. 피라미드 조직 구조에서는 권한과 책임이 소수의 상위층으로 집중됩니다. 조직에서 위로 올라갈수록 회의는 점점 과중해지고, CEO의 하루 일정은 빡빡하게 짜인 회의들로 채워지죠. 수많은 의사결정사항들을 검토하느라 바쁘지만 진짜 중요한 일에 집중하지 못하고, 결정이 지연되기 일쑤입니다. 게다가 기안서에 담겨있는 내용과 보고서 몇 장으로 경영진들이 의사결정사항의 맥락과 스토리까지 파악하기가 어렵습니다. 이 때문에 수많은 고민과 논의 끝에 올라온 기획이 번번이 상위층의 의사결정 과정에서 새롭게 바뀌거나 실행되지 못하기도 합니다.

권한과 책임이 상위층으로 집중되는 피라미드 조직 구조의 문제는 여기서 그치지 않습니다. 의사결정의 권한과 책임이 없는 구성원들은 스스로 고민하고 생각하지 않게 됩니다. 상사나 조직에 점점 의존해가면서 독립적으로 사유하지 않고 창의력을 발휘하지 않습니다. 권한이 없으니 책임을 지지 않으려는 태도를 보이고, 결국 조직 안에서 숨바꼭질 현상이 나타나게 됩니다.

조직을 넘어 공동체로

　'조직의 꼭대기 층 사람들은 회의가 과중하다고 불만을 늘어놓고, 아래쪽 사람들은 권한이 없다고 느끼는' 상황을 절대 좌시해서는 안됩니다. 조직 안에서 우리의 역할은 서로가 좋은 의사결정을 할 수 있도록 돕는 것입니다.

　둘째, 권한과 권력을 명확히 분별해야 합니다. 조직에서 정해진 규칙과 약속이 잘 지켜지지 않고 사람들이 분리되어 각자 존재하는 이유 중의 하나로 '가치에서 제외되는 리더'를 들 수 있습니다. 모든 원칙과 규칙의 적용에서 '리더만큼은 예외'로 여겨지는 것이죠. 조직이 추구하는 가치 위에 리더가 군림하는 것, 곧 리더가 우상이 된 조직에서 사람들은 리더에게 순응합니다. 스스로 생각하고 행동하기보다는 매번 리더의 생각을 궁금해하고 묻게 됩니다. 조직 안에서 "사장님은 어떻게 생각할까?"와 같은 말을 매일 접하고 있다면 혹시 리더가 우상이 된 것은 아닌지 의심해볼 필요가 있습니다. 구성원뿐만 아니라 리더 역시 조직 안에서 공동으로 합의된 가치에 의해 자신의 행동을 결정해야 합니다.

리더의 권한은 타인으로부터 부여받은 힘입니다. 타인으로부터 부여된 힘이 '권한'임을 인식하고 자신도 그 힘의 영향력 안에 들어와 있음을, 본인도 결코 예외일 수 없음을 말과 행동 그리고 의사결정으로 보여주어야 합니다. 타인의 헌신은 나의 헌신에서 비롯되니까요.

권력이 특정한 힘이 다른 사람에게만 사용되는 것이라면,

권한은 다른 사람을 움직이는 힘이 나에게도 통하는 것입니다.

권력은 순응을 낳고, 권한은 헌신을 낳습니다.

∨

진정한 공동체의
완성을 위하여

자기다움에서 비롯되는 온전한 조직, 곧 진정한 공동체를 만들기 위해 저는 개인적으로 이제부터 말씀드릴 세번째가 가장 중요하다고 생각합니다. 이 책의 초반에서 경영과 조직의 목적을 이야기하면서 이미 말씀드렸던 개념이죠.

**이윤추구에서 이웃추구로 관점이 전환되는 것,
우리를 둘러싼 모든 관계의 궁극적인 변화를 위해
필요한 것은 바로 '사랑'입니다.**

앞에서 언급한 두 가지 조건이 모두 만족되어도 '사랑'이 없다면 진정한 공동체가 완성되기는 어렵습니다. 그만큼 사랑은 공동체를 완성해 나가는 여정에 필수불가결한 요소입니다.

조직 안에서 사랑이 필요하다고 하니 실소를 터뜨리는 분도, 그리고 어쩌면 허무 맹랑한 이야기로 생각하시는 분도 계실지 모르겠습니다. 일상에 사랑이 개입되면 왠지 모르게 부담스럽고 뭔가 조심스럽게 느껴지기도 하죠. 그만큼 사랑이란 단어는 언젠가부터 우리의 일상보다는 노랫말이나 시에서 표현되는 언어로, 그리고 영화나 드라마의 소재로 더 익숙해진 것 같습니다.

조직 안에서 사랑은 어떻게 이해되어야 할까요? 스캇펙이 설명한 사랑의 정의를 다시 되짚어보겠습니다.

'자기 자신이나 타인의 영적 성장을 도울 목적으로

자신을 확장시켜 나가려는 의지'

여기서는 '영적 성장'이라는 말을 굳이 종교적으로 해석하기 보다는 '영혼의 성장'이라고 보는 것이 좋겠습니다. 회사에서 가끔 누군가가 농담 삼아 '영혼을 가지고 일하라'는 말을 합니다. 어떤 사람이 아무런 생각을 하지 않고 습관적으로 일을 할 때 이런 말을 하는 것 같습니다. 반대로 이야기하면 영혼 있게 일한다는 것은 자신이 하고 있는 일에 대해 생각을 쏟으며 일한다는 뜻이겠죠. 온전한 삶을 '영혼과 역할이 결합된 삶'이라고 이야기 했는데, 이런 의미를 따져보면 영혼을 가지고 일하는 모습은 결국 조직 안에서 '온전한 삶의 모습을 회복하는 것'이 아닐까 싶습니다. 그래서 타인의 영적 성장을 돕는다는 것을 조직 안의 장면으로 이해해보면 '다른 사람이 조직 안에서 온전한 삶의 모습을 회복할 수 있도록 돕는다'라는 뜻으로도 해석될 수 있겠습니다.

자기는 물론 다른 사람이 조직 안에서

자연스러운 본연의 모습을 드러낼 수 있도록 돕습니다.

자기다운 사유와 결정으로 자신만의 장르를 개척해나가는

선도력을 갖출 수 있도록 돕습니다.

각자의 헌신으로 제약과 한계를 극복하고

조직의 시너지가 창출될 수 있도록 돕습니다.

이와 같은 모습이 시너지가 나는 공동체를 위해 우리가 발휘해야 할 '사랑'의 모습입니다.

이러한 사랑이 없다면 조직 내 관계는 영혼이 없는 '가짜 관계'만 형성됩니다. 가짜 관계에서의 소통은 맹목적입니다. '긁어 부스럼 만들지 말자'라는 원칙 아래, 그저 누군가가 지시하는 것을 지시하는 만큼만 수행합니다. 나의 반응은 그 누군가의 필요에 따라 나오는 조건 반응이고 나의 행동은 누군가의 욕구를 채워주는 일종의 봉사 활동입니다. 관계에서 어렴풋이 느껴지는 경계선은 결국, 조직 내 개인의 고립감과 소외감을 초래합니다.

점심시간에 동료와 함께 같은 공간에서 식사를 한다고 해서, 퇴근 시간이 언제나 윗 사람 보다 늦다고 해서 진정한 관계가 성립되지는 않습니다. 조직 내의 진정한 관계, 즉 서로가 인격적으로 신뢰하고 허물없이 소통하며 공동의 과제에 대해 원활하게 협력하기 위해서는 '다른 사람의 성장을 위해 내 자신을 확장시켜 나가려는 의지', 곧 사랑이 필요합니다.

사랑을 발휘하려는 의지가 꺾이면,
우리는 상대방을 '포기'하게 됩니다.

'저 사람은 원래 저러니까.'
'에휴, 또 저러네. 이제 지친다. 내버려두자.'

이런 반응은 상대방에 대해 나 스스로를 확장시키려는 의지가 전혀 없는 반응입니다. 아니, 아예 그 사람에 대해서는 반응을 보여줄 필요가 전혀 없다고 생각할 지 모릅니다. 이미 내가 무엇인가 그 사람에 대해 반응을 하는 것 자체가 불필요한 것으로 간주되고 있는 것이죠.

서로에게 믿음이 있고, 긍정적인 관심과 마음이 있다면 상대방의 반응에 또 다른 반응이 마주치게 되고, 우리는 '질문'을 하게 됩니다.

(나 이번 주말에 영화를 봤어) "오, 그래? 어떤 영화를 봤는데? 재미있었어?"
(이 계약 건에 대해서는 이렇게 진행하는 게 좋겠어) "그래? 그렇게 생각하는 이유가 뭐야? 혹시 A때문일까?"

상대방의 말이나 행동 또는 주장에 대해 우리가 우리 스스로를 확장시켜 나가려는 의지가 있다면, 우리는 듣게 되고 반응하게 됩니다. 관계에서 듣지 않고 반응하지 않는 것은 사랑이 없다는 확실한 증거입니다. 연인 사이에서도 듣지 않고 반응하지 않으면, 상대방은 사랑이 식었다고 느낄 수밖에 없는 것처럼 말이죠.

조직 내에 진정한 관계가 회복되기 위해서는 '사랑'이 필요합니다. '다른 구성원의 성장에 관심을 가지고 스스로를 확장시켜 나가려는 의지'가 필요합니다. 서로 반응할 수 있어야 하고, 서로 질문할 수 있어야 하며, 스스로를 확장시켜 조직 내 서로 다른 많은 사람들을 담기 위한 각자의 그릇이 넓어지는 것을 계속해서 경험해야 합니다. 이 과정 속에서 조직 안의 '다양성'은 꽃이 피어나고, '오픈 커뮤니케이션' 문화가 태어나며, 진정한 '팀워크'가 형성됩니다.

구성원의 성장을 바라보며 자신을 확장시켜 나가겠다는

굳은 의지를 조직 안에서뿐만 아니라 통합된 삶의 모습으로 보여주는 것. 그래서 급기야 이상적이라고 생각하는 철학과 가치, 그리고 자신의 삶이 모습이 점차적으로 일치해 가는 것. 이렇게 우리는 분리된 상태에서 벗어나 온전한 상태로 나아가야 합니다. 사랑은 다름 아닌 이러한 모습으로 그 영향력이 발휘되고, 전염되며, 증폭됩니다.

사랑은 리더십의 원래의 이름입니다.

이 사랑이 작동되는 곳을 우리는 공동체라고 부릅니다.

:

사랑 안에서 성장한다는 것은

고립된 자아의 견고한 울타리를 넘어

공동체를 형성하는 관계 속의 자아로

나아가는 것을 의미한다.

조직을 넘어 공동체로

사랑이 되어 가는 사람은

고립된 자아의 부서진 껍질을 뒤로 남기고

인간 공동체의 새로운 삶의 가능성을 끌어안는다.

<David G. Benner>

:

∨

Part 2를 마치며

조직을 넘어
공동체로 가는 길에서

:

옛날에 멋진 옷을 좋아하는 임금님이 있었어요.

옷장 속에는 옷이 그득했지요.

그런데도 임금님은 매일매일 새 옷만 입고 싶어했어요.

어느 날, 두 사람이 임금님을 찾아왔어요.

"저희가 세상에 단 하나밖에 없는 특별한 옷을 지어 드리겠습니다."

"눈부시게 아름다운 옷입니다만, 어리석은 사람의 눈에는 보이지 않는 옷이지요."

며칠 뒤, 임금님의 신하가 옷 짓는 걸 보러 왔어요.

그런데 베틀에는 아무것도 없었어요.

'어, 옷이 안 보이네. 그렇다면 내가 어리석은 사람이란 말인가.'

신하는 옷이 안 보인다고는 차마 말할 수 없었어요.

임금님이 신하에게 물었어요.

"내 옷은 어떻던가? 듣던 대로 아름답던가?"

"그럼요. 무늬며 색깔이며 아마 세상에서 가장 뛰어난 옷일 겁니다."

마침내 새 옷을 입기로 한 날이 왔어요.

임금님의 눈은 휘둥그레졌어요.

새 옷은커녕 실오라기도 안 보였거든요.

임금님은 망설이다 큰 소리로 외쳤어요.

"허허허, 내 맘에 쏙 드는구나. 과연 훌륭하도다."

<동화, 벌거벗은 임금님 中>

:

동화 '벌거벗은 임금'에는 우리 사회와 조직에서 진짜로

살아가지 못하는 사람들이 등장합니다. 자신의 어리석음을 들키

고 싶지 않았지만 결국 사람들 앞에 더 큰 어리석음을 드러내는

임금, 임금에게 차마 진실을 이야기하지 못하고 거짓으로 아첨하

는 신하, 우스꽝스러운 결과를 예상이나 한 듯 처음부터 작정하고 임금과 신하를 속이며 그들을 사람들의 웃음거리로 만든 옷을 만드는 재단사.

이 이야기는 '나는 지금 조직에서, 그리고 이 세상에서 어떻게 존재하고 있는가'를 고민하게 합니다.

여러분은,

어리석고 무능하지만 스스로를 직면하지 못하는 임금인가요?

있지도 않은 임금의 옷을 칭송하며

그 뒤를 따르고 있는 신하인가요?

아니면, 어리석은 이들을 속이고 멋진 옷을 만드는 척하며

그들을 기만한 재단사인가요?

조직 안에서 자신의 진실한 생각과 행동을 표현하지 못

하고 거짓된 삶을 살아간다면 우리는 '행렬하는 애완동물(Proces-sionary Puppet)'이 되고 맙니다. 행렬하는 애완동물이란 애벌레가 각자 자기 앞에 있는 애벌레의 뒤꽁무니를 좇아 줄지어 이동하는 장면에서 유래된 용어로 '관료주의 공해에 희생되어 창의력을 발휘하지 못하는 침묵하는 다수'를 뜻합니다. 임금이 벌거벗은 것을 알고 있었지만 침묵하며, 어리석은 임금의 뒤를 좇아 행렬을 이어가면서 군중의 놀림감이 된 신하들처럼 말이지요.

동화 속의 등장 인물들은 눈에 보이지 않는 옷을 보이는 것처럼 이야기하여 스스로를 속임으로써 결국 사람들의 놀림감이 되고 말았지만, 우리는 때때로 보이지 않는 것을 설명하기 위해 보이는 것을 이용하기도 합니다.

보이지 않는 것은 무엇일까요? 왜곡된 조직문화, 뒤틀려진 판단과 편견, 상반되고 모순된 의도와 선택, 누군가를 미워하고 질투하는 마음과 그릇된 선입견 또는 아끼고 소중하게 여기는 마음, 불의에 저항하고 바로 세우고자 하는 의지, 사물이나 사람, 현상에 대해 본능적으로 생기는 인식, 그리고 변화에 대한 욕구나 정도, 영향력의 크기, 도덕적 가치의 소중함...

보이는 것은 무엇이 있을까요? 그것은 그야말로 우리 시각에 비치는 모든 것들입니다. 책, 영화, 핸드폰, 창문, 그 창문 밖에 서 있는 나무, 건물들... 그뿐만 아니라 사람의 표정, 눈빛, 행동, 태도까지. 보이는 것들에는 모두 '이유'가 있습니다. 다시 말하면, '사연'이랄까요. 책은 저자가 독자에게 전달하고픈 '사연'이 있습니다. 영화는 감독 또는 작가가 관객들에게 전달하고픈 '사연'이 있죠. 스마트폰이 이 세상에 나온 '사연'이 있으며 집에서 창문이 하필 그 위치에 있는 '사연'이 있습니다. 집 앞 상가 3층에는 이비인후과가 있고, 바로 밑 2층에는 약국이 있는 '사연'이 있고 누군가가 평소 보이지 않던 눈빛이나 행동을 보였다면, 그럴

만한 '사연'이 있습니다. 이 '사연'이야말로 평소에 우리 눈에 제대로 띄지 않는 것들입니다. 구체적으로 명확하게 설명할 수는 없지만, 감각적으로 희미하게 느꼈던 부분, 너무나 당연해서 평소에 무심하게 지나쳤지만, 조금 더 들여다보고 관찰해보면 낯설고 새롭게 보이는 부분. 그것이 바로 사연이고 저는 그것을 '본질'이라고 부릅니다.

흔들리는 나뭇잎을 통해 우리는 바람을 느낍니다. 아니, 정확히 이야기하자면 나뭇잎을 흔들리게 하는 그 무엇을 인식하고 '바람'이라 칭하죠. 아이에게 바람의 존재를 알려주기 위해 흔들리는 나뭇잎과 휘날리는 머리칼을 가리킵니다. 보이지 않는 것을 알려주기 위해 우리는 보이는 것을 이용하는 것이죠. 이 시대의 빈부 격차와 속물근성을 보여주기 위해 봉준호 감독은 〈기생충〉을 만들었습니다. 인터넷과 기술의 발달에 따른 왜곡과 모순을 보여주기 위해 〈블랙미러〉시리즈가 탄생했죠. 사람들은 현재 우리가 어렴풋이 느끼지만 미처 선명하게 보고 있지 못한 것이 무엇인지 궁금해하고, 그것이 선명하게 드러나는 시각적 결과물에 열광합니다.

중요한 것은 그동안 보지 못한 것이 눈앞에 선명하게 드러나 누구나 그 사실과 이슈를 알게 된 이후, '우리의 생각, 행동, 실천, 삶이 어떻게 변화되었는가' 입니다. 대부분은 바람의 존재를 알고 나서 '아, 바람이구나' 한 마디 하고 여전히 바람의 존재를 잊은 채 일상을 살아갑니다. 하지만 다른 누군가는 바람의 존재를 알고 나서 연날리기도 해보고, 부채와 선풍기도 만들고, 나아가 풍력발전소까지 만들어내며 또 다른 차원의 삶의 변화를 경험하기도 하죠.

지금 우리 각자에게 필요한 것은 어떤 선택인가요? 그리고 그 선택 이후에 우리는 어떤 실천들을 만들어낼 수 있을까요?

사람들이 지속적으로 실천과 변화를 이어가기 위해, 오늘 나는 어떤 역할을 할 수 있을까요?

개인과 조직이 행렬하는 애완동물이 되는 것을 막고 온전한 공동체를 만들기 위해, 우리는 계속해서 스스로에게 위와 같은 질문을 던지고 답해야 합니다.

조직을 넘어 공동체로

에필로그

잘 다니던 회사를 그만두고 자발적 백수가 되었던 시절이 잠깐 있었습니다. 시간이 많아서 그런지 변변치 않은 요리 실력이지만 아내보다는 제가 주로 부엌에 서는 일이 많아졌죠. 평소 요리 프로그램이나 먹방 콘텐츠를 즐겨보는 탓에 아내에게 제가 요리하는 것을 좋아하는 것처럼 비추어졌는지도 모르겠습니다. 잘게 썬 스팸 햄을 볶아서 하얀 쌀밥 아래 깔고 그 위에 계란 프라이를 하나 얹은 후, 간장으로 쓱쓱 비벼서 내놓아도 이 세상 어떤 요리보다 최고로 맛있다고 이야기해주는 아내 덕분에 요리에 점점 재미를 붙여갔습니다. 물론, 그것이 아내의 의도적인 전략일지도 모르지만요.

어느 날, 매주 수요일 동네에서 열리는 장에서 계란 한 판을 사 와서 아침으로 오믈렛을 만들었습니다. 여행을 갔을 때 호텔 조식이나 뷔페에서 나왔던 오믈렛을 떠올리며 파, 양파, 파프리카 같은 집에 있는 야채들과 햄을 넣고 후추와 소금, 그리고 버터로 간단하게 간을 하여 처음으로 '계란말이를 빙자한 오믈렛'을 만들었죠. 방송에서 보았던 부드럽고 촉촉해 보이는 프렌치식 오믈렛은 아니었지만 일단 비주얼은 여느 오믈렛과 달라 보이지 않았고, 게다가 계란옷이 찢어지지 않은 요리를 만들었다는 만족감에 제 스스로가 기특하게 여겨졌습니다. 그리고 맛을 본 아내 역시 꽤 만족스러워 하였기에, 처음 한 요리 치고 이 정도면 꽤 훌륭하게 만들었다고 위안하였죠.

에필로그

그날 밤, 잠자리에 들기 전 불쑥 아침에 만든 오믈렛이 생각나서 농담 삼아 아내에게 이렇게 물었습니다.

"새무(아내와 저의 애칭), 내가 오늘 아침에 만든 게 실은 오믈렛인지, 계란말이 인지 모르겠어. 도대체 무슨 요리였을까? ㅎㅎ"

가만히 듣던 아내가 한참 후 이렇게 이야기를 했습니다.

"새무, 세상이 정해놓은 범주에 속하려고 노력하지 않아도 되요. 새무가 오늘 한 요리는 세상에 없는 최고의 요리였어요."

아내의 말을 곰곰이 곱씹어보며, 한 가지 깨달은 사실이 있습니다. '세상이 정해놓은 범주에 속하지 않아도 된다'는 말은 '당신이 보여주는 있는 모습 그대로, 그 자체로 괜찮다' 라는 뜻입니다. 그 표현은 '사랑'의 다른 말입니다. 사랑은 '있는 모습 그대로 당신을 기꺼이 감당하겠다'라는 의지를 가지고 있기 때문이죠. 사랑은 있는 모습 그대로의 가치를 인정하고 존중해주는 극강의 관용이자 최고의 배려입니다. 그래서 저는 실은 아내가 제게 한 말이 '당신을 사랑해'라는 것을 알았습니다. '사랑'이 있으니 세상이 정해놓은 범주에 속하지 않아도 괜찮다고 한 것이죠.

그때까지 저는 세상이 정해놓은 범주에 속하려고 기를 쓰고 살았습니다. 목표로 했던 세상이 정해놓은 범주에 속하지 못하게 되면 스스로 실망하고, 자책을 하기도 했습니다. 넘어져도 다시 일어나 열심히 하루하루를 살아가며 앞으로 나아가고 있다고 생각했는데, 돌이켜보면 '열심히'라는 것도, '앞으로'라는 방향의 기준 자체도 '세상이 정해놓은 범주' 안에서 만들어진 기준이었고, 그것이 저의 위치를 판단하게 되는 잣대가 되었습니다. 제 인생의 행복 조건을 세상이 정해놓은 범주에 맞추어 놓고 그 것에 속하지 않으면 스스로 부족하고 형편없는 사람이 되는 것과

에필로그

같은 감정을 경험한 적도 있었습니다.

　　당시에는 회사를 그만 둔 후 계획대로 되지 않아 무의미한 시간이 흘러가고 있다고 생각했습니다. 그 이전에는 국내 최고 IT회사의 교육담당자라는 타이틀이 사회적으로 제가 속해있는 범주였고 저를 지탱해주는 보이지 않는 힘이었습니다. 보이지 않게 저를 지켜주었던 지위나 타이틀보다 제가 하는 일에서 가치 있는 의미를 발견하고 건강한 영향력을 주고 받으며 성장하고자 하는 욕심과 목표가 있었기에 꽤나 당차게 회사를 그만두었고, 사회적으로는 어디에도 속하지 않는 몸이 되었죠. 하지만 생각대로 일은 잘 풀리지 않았고 다시 조직으로 돌아가고자 했지만 그 역시 여러 번의 인터뷰에서 좌절을 겪어야 했습니다. 자발적 백수라고 했지만 실은 나이먹은 취준생에 불과했고, 저는 다시 세상이 정해놓은 범주에 들어가기 위해 안간힘을 쓰고 있었죠.

제 자신의 '자기다움'을 조금 더 깊이 고민하게 된 것은 그때부터 였던 것 같습니다. '세상이 정해놓은 범주에 속하려고 노력하지 않아도 된다'는 아내의 말을 들었을 때 말이죠. 무엇보다 든든하게 저를 믿어주고 끊임없는 신뢰를 보여주는 아내의 사랑 덕분에 곧 제 자신에 대한 믿음을 회복할 수 있었습니다.

이후 얼마 되지 않아, 새로운 회사에 자리를 잡게 되었습니다. 이전과 동일하게 조직에서 일하지만 저의 존재 자체는 그 이전과 달라져 있었기에 조금 더 다른 관점으로 일과 사람, 그리고 조직과의 관계를 형성할 수 있었습니다. 조금 더 나다운 모습으로 능동적이고 주체적인 태도로 문제를 해결하려고 했던 노력들이 더 많은 성장의 기회들을 마주할 수 있게 도와주었습니다. 물론 지금도 새로운 도전을 하는 과정 속에서 실패를 경험하기도 하고 그에 따라 실망과 좌절을 느끼기도 하지만 아내가 이야기 해준 것처럼 저라는 사람의 존재가치는 여전히 변함이 없습니다.

에필로그

세상에 '사랑'이라는 것이 우리 일상의 눈에 보이는 곳에 있다면 사람들이 각자가 생각하는 인생의 기준과 범주는 조금 달라질 수 있지 않을까요? 오믈렛이든 계란말이든, 그것이 달걀로 만든 음식인 것은 변함이 없습니다. 우리에게 필요한 것은 그 음식의 맛을 충분히 즐기고자 하는 마음과 즐길 수 있음에 대한 감사함 입니다.

제가 너무나 아끼고 사랑하는 나의 새무, 나의 뿔라 혜진과 저희 부부를 온전하게 만들어 준 아들 본이, 사랑하는 우리 모든 가족들에게 이 책을 바칩니다.

그리고 이 책이 온전해질 수 있도록 도움을 주신 모든 분들, 독자분들 진심으로 감사드립니다. 우리는 각자 존재하면서 함께여야 하고, 함께 존재하면서 각자여야 합니다.

참고문헌

<조직문화 재구성, 개인주의 공동체를 꿈꾸다>의

이야기를 정리할 수 있도록

제게 좋은 영감과 힌트를 준 참고문헌을 공유합니다.

◆ 게리하멜·빌 브린. (2009). 경영의 미래. 권영설·신희철·김종

식 역. 세종서적.

◆ 데이비드 배너. (2006). 사랑에 항복하다. 김성환 역. IVP.

◆ 로렌스 피터·레이몬드 헐. (2009). 피터의 원리: 승진할수록

사람들이 무능해지는 이유. 서유진·나은영 역. 21세기북스.

◆ 마셜 B. 로젠버그. (2018). 비폭력대화와 교육: 마셜 로젠버그

의 공감교육 워크숍. 정진욱 역. 한국 NVC센터.

◆ 모건 스캇 펙. (2011). 아직도 가야할 길. 최미양 역. 율리시즈.

◆ 모건 스캇 펙. (2012). 마음을 어떻게 비울 것인가: 절망을 극복하는 유일한 길 마음 비우기. 평화공동체 만들기. 박윤정 역. 율리시즈.

◆ 문유석. (2015). 개인주의자 선언: 판사 문유석의 일상유감. 문학동네.

◆ 에드워드 L. 데시·리처드 플래스트. (2011). 마음의 작동법: 무엇이 당신을 움직이는가. 이상원 역. 에코의서재.

◆ 에리히 프롬. (2013). 사랑의 기술. 황문수 역. 문예출판사.

◆ 에리히 프롬. (2016). 나는 왜 무기력을 되풀이하는가: 에리히 프롬 진짜 삶을 말하다. 장혜경 역. 나무생각

◆ 에이브러햄 매슬로. (2011). 인간욕구를 경영하라: 심리학자 매슬로의 자기실현과 창의성. 리더십에 관한 경영의 뉴클래식. 왕수민 역. 리더스북.

◆ 유니타스브랜드. (2013). 브랜드와 부(富)랜드(Vol.30). 유니

참고문헌

타스브랜드.

◆ 유니타스브랜드. (2014). 나는 세상을 브랜드로 이해한다: 브랜드는 상상이 현실이 되는 것이다. 유니타스브랜드.

◆ 최지훈. (2019). 그래서, 인터널브랜딩: 브랜딩스러운 조직문화 이야기. 플랜비디자인.

◆ 최진석. (2013). 인간이 그리는 무늬: 욕망하는 인문적 통찰의 힘. 소나무.

◆ 최진석. (2017). 탁월한 사유의 시선: 우리가 꿈꾸는 시대를 위한 철학의 힘. 21세기북스.

◆ 토마스 바셰크. (2015). 팀워크의 배신: 몰려다니면서 성공한 사람은 없다. 장혜경 역. 모멘텀.

◆ 파커 J. 파머. (2007). 온전한 삶으로의 여행. 윤규상 역. 해토.

◆ 프레데릭 라루. (2016). 조직의 재창조. 박래효 역. 생각사랑.

◆ Kelly, R. E. (1988). In praise of followers. Harvard Business Review.

조직문화 재구성
개인주의 공동체를 꿈꾸다

초판 1쇄 인쇄 2020년 3월 24일
초판 1쇄 발행 2020년 3월 31일
2쇄 인쇄 2020년 7월 13일
3쇄 인쇄 2022년 6월 24일

지은이 최지훈
펴낸이 최익성
편집 최익성
마케팅 임동건, 임주성, 홍국주, 송준기, 이유림, 김민숙
경영지원 이순미, 신현아, 임정혁
펴낸곳 플랜비디자인
디자인 장혜수

출판등록 제2016-000001호
주소 경기 화성시 동탄첨단산업1로 27 동탄IX타워
전화 031-8050-0508
팩스 02-2179-8994
이메일 planbdesigncompany@gmail.com

ISBN 979-11-89580-28-5 03320